in Selbstzeugnissen

**Eine Chronik, herausgegeben von
Harriet und Sven Alfons**

Langewiesche-Königstein

Vorwort

Neben seinem künstlerischen Schaffen war Carl Larsson praktisch sein ganzes Leben lang auch ein Mann der Feder. Für seine beliebten Bildbände „Die Meinen", „Unser Heim", „Die Larssons", „Bei uns auf dem Lande", „Auf der Sonnenseite" und „Anderer Leute Kinder" schrieb er die Texte. Er schrieb die Selbstbiographie „Ich", die postum 1931 erschien. Er schrieb Artikel für Kalender und Zeitschriften, und er führte einen ausgedehnten Briefwechsel mit seiner Frau Karin, seinen Freunden, Verlegern und Mäzenen.

Aus diesen Quellen ist das vorliegende Buch entstanden. Carl Larsson führt die ganze Zeit selbst die Feder. Es war die Aufgabe der Herausgeber, das umfangreiche Material zu ordnen und zu sichten und durch verbindende Texte eine Einheit daraus zu machen.

Der vorliegende Band baut ganz auf dem Buch gleichen Titels auf, das 1952 (nur in Schweden) erschien; den interessierten Leser weisen wir auf das dortige Quellenverzeichnis hin. In dieser neuen Ausgabe ist die Anordnung beibehalten, jedoch der Text gekürzt und ein Teil der Bilder weggelassen oder ausgewechselt worden. Dagegen ist die Anzahl der Farbreproduktionen erweitert worden. Das Buch dürfte ein gutes Bild von Carl Larssons künstlerischer Entwicklung geben und gleichzeitig einen faszinierenden Menschen beschreiben.

Stockholm, März 1977
Harriet und Sven Alfons

Umschlag und Titelseite: Spiegelbild, Aquarell, 1895, Göteborgs Konstmuseum
Vorsatzblatt: Ruheecke, Aquarell aus „Unser Heim", 1894, Stockholm, Nationalmuseum
Schmutztitelseite: Selbstporträt, Zeichnung aus „Auf der Sonnenseite", 1910.
Gegenüber dem Inhaltsverzeichnis: Aquarell aus „Eine Geburtstagsfeier", 1887

Die nicht anders bezeichneten Originale befinden sich in privatem Besitz.

© der Originalausgabe, Titel: Carl Larsson – Skildrad af honom själv,
1977 by Albert Bonniers Förlag, Stockholm
© der deutschen Ausgabe 1977 by Karl Robert Langewiesche Nachfolger
Hans Köster KG., D-6240 Königstein im Taunus, Postfach.
Aus dem Schwedischen von M. und G. Thimm.
Satz: Hans Richarz, Publikations-Service, Sankt Augustin.
Reproduktionen: Bo Jemseby.
Druck: Printer industria gráfica sa Tuset 19, Barcelona.
Depósito legal B. 37831-1977
Printed in Spain
ISBN 3 7845 7970 1
Bei Langewiesche-Königstein sind folgende Bücher von oder über Carl
Larsson erschienen: „Das Haus in der Sonne" (1909, 1977), „Der
Carl-Larsson-Hof" in 100 Farbfotos (1975, 1977); „Carl Larsson –
Fünfzig Gemälde" (1976, 1977); „Unser Heim" (1977); „Bei uns auf dem
Lande" (1977); „Anderer Leute Kinder" (1977). Ein Gesamtverzeichnis
schickt Ihnen gern: Langewiesche, Postfach, D-6240 Königstein.

Inhalt

So entfalte dich denn, mein Leben

... „Auf die übliche Weise
wurde ich vom Storch gebracht" ...
Zeichnung aus „Die Meinen", [2]1919

Die Kindheit

„1853 kam ich als Totgeburt zur Welt. Als man später am Tage – es war der 28. Mai – durch unachtsame Behandlung der kleinen Leiche dieselbe zum Schreien brachte, zeigte man ihr ein größeres Interesse, und das hat sich im Laufe der Jahre weiter gesteigert …"

„Das geschah in einem alten Haus, das früher dem Geschichtsschreiber Göranson Tegel (dem Sohn Göran Perssons) gehört hatte und in dem er auch gestorben war. Später wohnte in dem Hause die damals bürgerliche Familie Leuhusen, deren erstes den Genealogen bekanntes Mitglied mit Tegels Stieftochter verheiratet war (und) somit durch Erbschaft Besitzer dieses Hauses wurde (…). Meine jungverheirateten Eltern hatten dort von den kleinen Ersparnissen meiner Mutter ein für die damalige Zeit einmaliges Unternehmen angefangen: eine Abstinenzlergaststätte. Sie erwies sich als nicht zeitgemäß; das gute, einfältige Herz meiner Mutter veranlaßte sie, uneingeschränkten Kredit einer Reihe junger Männer zu geben, die gewöhnlich vergaßen zu bezahlen; mein Vater kaufte sich einen schönen Pelz und protzte damit bei den Wirten der Stadt, die den bis zu dem Zeitpunkt völlig nüchternen Mann das Saufen lehrten. Eines schönen Tages war mein Vater verschwunden. Ein Vetter von ihm, von dem er Geld geliehen hatte, warf meine arme Mutter und gleichzeitig mich, der sich an ihre Brust klammerte, auf die Straße …"

Ein paar nette, alte Fräulein, die Mutter kannte, rieten ihr, Wäscherin zu werden. „Sie wurden auch die ersten Kundinnen, und vermutlich waren sie es auch, die uns eine kleine Bleibe im Erdgeschoß eines alten Gebäudekomplexes mit dem Namen „Lambyska verket" verschafften. Mutter erzählte, daß die Feuchtigkeit die Wände entlang rann und im Winter unter den Betten gefror. So begann ihr Leben als Versorgerin der Familie, ein Leben, das sie viele Jahre lang fortsetzte, bis ich mit ihr meine kleinen Einkünfte teilen konnte. (…) Nach einem Jahr kam mein Vater zurück, das bedeutete, daß es für meine Mutter noch schwerer wurde …"

„Ach, ich bin mit dem Bleistift in der Hand geboren. Dieses ist jedoch nicht richtig (…) es war die Schere, die mein erstes Ausdrucksmittel war, die Hilfe, meine Sehnsucht auszudrücken und das abzubilden, was mein erstauntes Auge um sich herum sah".

Das Geburtshaus Carl Larssons Prästgatan 78 in Stockholm.
Aus: Die Larssons, 1902.

„Er suchte Bücher in den Kammern dort und hier,
aus ihnen ,schnitt' er Häuser, Mensch und Tier."
Vers und Zeichnung aus der Weihnachtszeitung „Jultomten", 1910

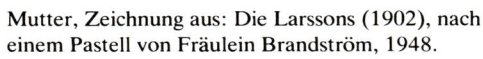

Mutter, Zeichnung aus: Die Larssons (1902), nach
einem Pastell von Fräulein Brandström, 1948.

Großmutter, oben rechts, wie auch die Zeichnung unten: Großmutters Zukunftsträume aus: „Die Meinen", 1895

Großmutter

„wohnte in der Gråbergsgatan,
auf der Nase ihre Brille,
hatte wirklich Angst vorm Satan,
las immer Arndts Postille,
bei ihrer Nachbarin sah sie … rot,
bat Gott um einen sel'gen Tod.“

Gråbergsgatan, Zeichnung aus: „Die Meinen", 1895

Mutter, Vater und Großmutter

„Die allerfrüheste Erinnerung, die ich habe, ist, wie ich gleichsam im geheimen meine Mutter betrachtete und sie so schön fand. Sie saß freundlich und froh auf der Schwelle zum Hof und hielt ein neugeborenes Kind auf dem Schoß. Das war mein Bruder John. Ich selbst war damals vier Jahre alt. Das war ein großer Hof an der Grevgatan, Ladugårdslandet. Ungefähr an jeder Ecke stand ein kleiner, alter Bau. Das Haus, das wir allein bewohnten, war ein alter, einstöckiger Kasten, aber, soweit ich mich besinne, alt und gemütlich. (…) In dem benachbarten Haus wohnte eine mittelalterliche Näherin. Sie war meine Freundin. Ich kletterte oft die wacklige Treppe zu ihr hinauf, um wiederholt meine ersten Kunstgenüsse zu erleben. Auf den zerfledderten Tapeten waren mit Stecknadeln Bilder anmutiger, schöner Frauen geheftet, die sich schön gekleidet räkelten. Solche Frauen sah man zu der Zeit nicht auf Grevgatan: es waren, wie wir schon verstehen, Bilder aus den Modezeitungen der Näherin. Sie war ihre eigene Führerin in ihrem Museum, in dem sie mich umherführte und mir freundlich diese schöne Welt zeigte. Ich liebte sie. (..) Ein Bild, das sich unwiderruflich meinem Inneren eingeprägt hat: ein Mann mit stechenden Augen sitzt eingekeilt in der Ecke zwischen dem Fenster und der Kommode und sagt böse: „Ich verfluche den Tag, an dem du geboren wurdest“. Dieses sagt er dem kleinen Knirps; dem eingeschüchterten, verschreckten Kind, das nicht anders konnte als demütig zu gehorchen, dessen kleines Herz gut und rein war. Viel später erst habe ich die Absicht des Mannes begriffen: die Hochzeit meiner Eltern war am 12. Februar – und der Erstgeborene kam – mit knapper Not – bereits am 28. Mai desselben Jahres zur Welt. … Es dürfte meine robuste Großmutter gewesen sein, die meinen Erzeuger dazu gebracht hat, sich nach dem Gesetz und vor aller Augen mit der verzweifelten Frau, die sein Kind unter dem Herzen trug, zu verheiraten …".

„Wenn der Heilige Petrus einst – wie ich annehme – die Himmelspforte für mich öffnen wird, wird es dort keine größere Herrlichkeit geben als die, die ich jederzeit in dem kleinen Zimmer meiner Großmutter erfuhr."

Bilder von Großmutters Zuhause, Zeichnung aus: „Die Meinen", 1895. Carl Larssons Gemälde für seine Mutter auf der nächsten Seite oben ist anscheinend durch das Bild angeregt worden, das links unten auf der Wand in Großmutters Zimmer zu sehen ist.

„Die Wände waren vom Fußboden bis zur Decke mit Bildern bedeckt, die der Großvater mit einfachen Malerfarben gemalt hatte, Kopien von Originalen aus der Galerie Oskars I., meistens Wouverman und idyllische Landschaften. (…) Außerdem gab es dort die wohlbekannte Fassade des königlichen Schlosses, aus blauem Papier zurechtgeschnitten, Glückwunschkarten mit hübsch gemalten Blumen, gestickte Tücher und Scherenschnitte und anderes Zeug".

„Ich finde den Faden erst wieder, nachdem wir in die Grev Magnigränden Nummer 7, zweiter Stock, umgezogen waren. Ein Zimmer und Küche, große Löcher in den Wänden, die voller Unmengen von Kakerlaken und anderem Ungeziefer waren. Man kann nicht behaupten, daß es sich gut anließ. Mutter weinte still vor sich hin, und Vater strich düster und bedrückt umher. Grev Magnigränden „Nummer 7" zuerst und später „Nummer 5" waren wohl die Hölle auf Erden! Der Hunger war das wenigste, man gewöhnt sich mit der Zeit an ein Minimalmaß – nun, das war eine weniger geglückte Wortwahl – Portion, das ist noch schlechter, weil es nur sehr unregelmäßig etwas zu essen gab; regelmäßig war eigentlich nichts … Außerdem gab es auch noch andere

Schwierigkeiten. Da waren die Schwachsinnigen der Stadt untergebracht, da tobte die Schwindsucht, da fanden blutige Schlägereien statt, da wurde Unzucht getrieben, da wies man auf Mörder und Diebe. [–] Es war mein größtes Vergnügen, nach Ladugårdsgärdet zu gehen, sooft ich nur konnte, was nicht sehr häufig war. Ich pflückte Blumen und zeichnete sie ab, wenn ich wieder zu Hause war, und ließ ihre Farben gegen einen dunklen Hintergrund leuchtend hervortreten."

„Kam ich mal raus, ich alle Mädchen küßte, –
das war das Beste, was ich wüßte!

(Oh, Verzeihung!)

Ich stritt mit allen Jungen, die ich sah;
wenn deren Mütter kamen, war ich nicht mehr da."

– – –

„Doch meistens mußte auf dem Hof ich sägen und spalten.
Bekam dafür ein wenig wohl zu beißen.
Und trug das Wasser auf dem Hofe zu den Alten
Das Geld, das ich bekam, wer will es große Summen
heißen."

In einer Reihe lustiger Zeichnungen schilderte Carl Larsson in „Jultomten", 1910, seine Kindheits- und Jugendjahre.

   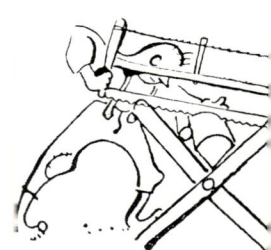

An Mutter, Aquarell des Zehnjährigen.

Die Illustrationen vergaß ich nie …

Carl Larsson wurde zuerst in die Vorschule geschickt, später ging er in die Armenschule von Ladugårdsland in der Skeppargatan. Dort hatte er einen verständnisvollen und von ihm bewunderten Lehrer in dem Magister Henrik Thorman. Bald bekam er andere Lehrer. Der wichtigste war Vilhelm August Jakobsson, der streng, aber anregend war.

„Den Lehrern war ich im Auge ein Dorn,
erregte immerzu ihren Zorn.
Auf einmal fanden sie mich talentiert;
Ich liebte das Malen ganz ungeniert.“

„Als zwölfjähriger Junge tauschte ich mit einem Freund in der damals so genannten Armenschule von Ladugårdsland ein Buch; eine Mythologie, eine Geschichte der alten, heidnischen griechischen Götter von Acharius, das mit schönen Kupferstichen versehen und 1760 gedruckt worden war. Ich bilde mir ein, daß dieses Buch meinem ganzen Leben eine gewisse Richtung gegeben hat. Die Sprache war altertümlich und ehrlich. Jener Acharius appellierte an die Jugend, aus den Schicksalen der Götter zu lernen, daß die Tugend belohnt wird und die eitlen Sünden bestraft werden. Er gab mir die rechte Einstellung. Er sprach über die Mißlichkeit der Lehre von der Vielgötterei und sagte mit einem ganz philosophischen Schnörkel am Ende seiner Ausführungen, daß die einzig menschenwürdige Lehre die von einem ewigen (nicht dreieinigen) Gott ist; er machte mich zum Freidenker. Und die Illustrationen – die Kupferstiche – werde ich niemals vergessen. Die Götter und Göttinnen mit ihren Barockmuskeln und Barockgewändern gaben mir den Sinn für das Monumentale und Dekorative, mit einem Wort gesagt, das Gefühl für Stil. Denn jene Zeit hatte doch etwas, was unsere Zeit nicht hat, nämlich einen eigenen Stil, gewißlich einen ganz liederlichen, aber doch immer einen Stil. Was ich von jenen Kupferstichen „abzeichnete“! Pallas mit Barockhahn, Barockeule und Barockhelm, Herkules mit dem

Löwenfell über dem Kopf und alle die übrigen Gottheiten.“ – „Es stellte sich heraus, daß ich nebst ein paar anderen Jungen die Anlage besaß, die groß genug zum Zeichnen war und uns würdig genug machte, am Zeichenunterricht in dem „Grundkurs“ der Akademie teilzunehmen.“ Es war Jakobsson, der ihn dort anmeldete, und er wurde am 8. September 1866 in die Matrikel der Schule eingetragen. „Dort mußte ich ganz vom Anfang anfangen, Linien und geometrische Figuren zu zeichnen. Aber trotzdem, welch ein Vergnügen!“

Die Akademie

Alpenlandschaft, Zeichnung 1866

„Grundkurs": „Es war eine merkwürdige Sammlung von Jungen zwischen dreizehn und sechzehn Jahren – zu den ersteren gehörte ich –, doch gab es hier und da auch jüngere und ältere Männer, einige Spätentwickler vom Lande, aber auch eine kleine Gruppe von Leutnants aus den Stockholmer Regimentern, wie z.B. der spätere Rittmeister von Hooltz und ebenfalls Oberst Warberg und andere." Unter den Freunden waren Per Ekström, Viktor Forsell, Adolf Nordling, Olof Sörling, Rudolf Widing, Hugo Birger, Mauritz Lindström und „schließlich auch – ein dicker Judenjunge, der älter als ich war, Ernst Josephson. Es war rührend zu sehen, mit welchem Fleiß und welcher Hingabe er eine widerliche Lithographie kopierte."

„Wir standen an langen Doppelpulten und hatten die Bilder, die wir abzeichnen mußten, in Holzrahmen vor uns. Tiefer drinnen gab es zwei kleine Räume, in denen die Begabteren „Klötze" zeichneten, Holzstücke in verschiedenen Formen, die von Köhler auf die phantastischste Art zusammengestellt und ausgeleuchtet worden waren, damit sie bestimmte Schlagschatten warfen. Über dem Ganzen lag eine gewisse Stimmung und Gemütlichkeit, ein Hauch des 18. Jahrhunderts, als Taraval seine Werke schuf.

In dieser Zeit habe ich meine Selbständigkeit gewonnen, da ich mein eigenes Geld verdiente … Eines Tages kam nämlich der durch und durch nette Cardon und sagte, daß er mir eine Stelle als Retuscheur bei den Brüdern Rössler, Drottninggatan, beschafft habe. Diese waren freundliche und redliche Deutsche, die mich zuerst unterrichteten und nach etwa einem Monat für tauglich befanden und bezahlten – wenig, aber sie meinten es gut."

Das talenttötende Jahr im Antikkurs

Im Jahre 1869 bekam C.L. „nach einer Zeit von drei Jahren einen der zwölf Plätze und ging durch die Ehrenpforte zu der eigentlichen Ausbildung für die freien Künste an der Akademie, wie es in den alten Tagen hieß. Ich erhielt ein Schülerdiplom und begann mit dem „Antikkurs". Es schaudert mich, wenn ich in Gedanken die vielen zeit- und talenttötenden Jahre dort durchgehe! Das mag undankbar klingen, denn natürlich machte ich in gewisser Weise Fortschritte, aber die Tatsache, daß man später die gesamte Schulordnung umgestellt hat, mag wohl als Beweis dafür stehen, daß es schlecht bestellt war …"

„Weißt du, wie es auf der Akademie zugeht? Schrecklich, mein Lieber! Zwei meiner besten Jahre habe ich nur mit antiken Köpfen verbracht, wobei es die Hauptsache war, sie nobel zu schattieren – ohne daß man auch nur den Schatten einer Ahnung von deren Stil und Größe bekam. Man haßte sie, verabscheute sie, gab die Hoffnung auf, einmal Akte zu zeichnen."

G.W. Palm Zeichnung, 1867, Nationalmuseum.
Einer der Lehrer Carl Larssons „lehrte mich die Kunst des Sicheinschmeichelns. Er lieh mir das lithographierte Porträt eines anderen Lehrers, damit ich es abzeichnen und dem anderen Lehrer verehren konnte. Ich fand das ganz widerlich und albern, aber – es hatte die berechnete Wirkung."

„Es war ein großer Saal, in dem die Kunstschüler nur Gipsfiguren abzeichneten, in der Regel Köpfe aus der römischen Zeit. Sie waren langweilig und unausstehlich und hätten besser im Museum gestanden. Die Unterrichtsstunden waren nur zwei Stunden am Abend bei Gaslicht."

Unter den Freunden im „Antikkurs" waren Julius Kronberg, Severin Nilson, Alexander Carlson, Axel und Jakob Kulle, C.G. Hellquist, Theodor Lundberg, Gustaf Cederström, Hugo Peterson

Herakopf, Kohlezeichnung 1871, Kunstakademie

C. L. fühlte sich im Verhältnis zu seinen Freunden unterlegen. Das war in erster Linie eine Frage der Bildung; seine eigene war zufällig und mangelhaft. „Außer Bellman – der wirklich gute Bücher geschrieben hat – hatte ich Mutters Liederbuch, das nicht zu verachten war, denn es war eine Anthologie aller unserer klassischen Dichter, sicherlich mit einem Teil Schund vermischt. Die Bibel interessierte mich ungeheuer (...) Außerdem (...) fand ich „die Pflichten der Menschen" von Silvio Pellico auf dem Dachboden, und dieses Buch liegt immer auf meinem Nachttisch. Ein Junge, wie ich einer war, konnte von diesen einfachen Lebensregeln ganz hingerissen sein (...). Ebenso Andersens Märchen, besonders der fromme Johannes in den „Reisekameraden" schien mir ein Ideal für einen Mann zu sein, so wie später Mark Tapley bei Dickens. Selbst Don Quicnote bekam ich in die Hände und fand ihn edel und rührend. Da war ein Buch, das ich gerne wiederlesen möchte, ein Sagenbuch, das von den bösen und guten Menschen handelte und in langweiliger Hexametern geschrieben war, aber das ich liebte." – „Gewiß hatte ich meinen Lehrmeister in Silvio Pellico, aber ich beschaffte mir noch einen, Benjamin Franklin. Ich war auf seinen Sündenkalender gestoßen, in dem er jeden Tag jeden unseligen Gedanken und jedes Vergehen aufgezeichnet hatte. Der praktische amerikanische Sinn dieser Sache zog mich mächtig an, und ich legte mir genau so einen Kalender an und achtete genau darauf, daß nicht irgendeine dumme gedankliche Sünde unter den Tisch fiel."

Hugo Birger, der großartige Junge …

„Aber um auf meinen Bericht über meine autodidaktische Bildung zurückzukommen, so war es der Umgang mit den gebildeten Freunden auf der Akademie, die in dieser Hinsicht die Lücken zwischen uns ausfüllten, und da denke ich vor allem an Hugo Birger, diesen großartigen Jungen, gut wie Gold, wenn auch ein typischer Liederjan, begabt und munter, eine Heldennatur und ein großartiger Kerl in seinem ganzen Denken – wenn auch nicht in seinem ganzen Tun und Lassen. Hier gab es jeweils eine Ober- und eine Unterklasse, und das ging ausgezeichnet; wir brauchten einander. Er half mir nach bestem Vermögen, die Begriffe zu ordnen und mich klar und deutlich auszudrücken, und ich sog soviel in mich auf, wie ich vermochte, und galt schnell als ebenbürtig bei diesen prächtigen Kerlen und Freunden."

„In dem ‚Antikkurs' hatte ich zusammen mit sechs anderen Freunden eine Vereinigung gegründet. Diese gab eine Zeitung heraus, die nach dem Vorschlag Josephs (Ernst Josephson) BIFROST heißen sollte, die sich aber auf meinen Vorschlag hin PAJAS nannte. Seht, so wollte ich sie haben .. Ich wurde auch der Redakteur der Zeitung. Es erschienen nicht viele Ausgaben, aber sie sollte für mich eine große Bedeutung haben. Der Redakteur des Vorjahres begann mit einer sogenannten Witzzeitung KASPER. Er erhielt einen Auftrag vom Lithographen Petterson, dem Vater meines besten Freundes Hugo, und dort hatte er den Einfall mit dem verwandten Namen (...). Richard Gustafsson war gerade von Hellquist, der bis dahin alle Zeichnungen für ihn gemacht hatte, im Stich gelassen worden. Als er nun eine meiner

und Ernst Josephson („erst im Antikkurs zog ich mit ihm gleich, wurde sein Kamerad und Freund"). In den Jahren 1871–72 vergrößerte sich die Gruppe um Axel Borg, August Hagborg, Georg Pauli, Carl Skånberg, Carl Fredrik Hill, Axel Lindman und Johan Ericson. Unter den weiblichen Kunstschülerinnen waren Anna Nordgren, Amanda Sidwall, Hildegard Norberg (später verheiratet mit Thorell) sowie Carin Arosenius.

Zeichnungen aus „Kasper". Der Text für das rechte Bild lautet: Der Uhrmacher: Die Unruhe im Werk selbst läßt sich nicht länger unterdrücken. Ich bringe die Regierungsuhr wieder in ihren alten Zustand zurück; sie kann nicht repariert werden! – Kasper: Doch, doch! Setzt die Demokratie als Triebfeder ein, und die Uhr wird nicht länger hinter ihrer Zeit herhinken, sondern den Leuten zeigen, was die Uhr geschlagen hat.

Zeichnungen betrachtete, den „Papagei", eine Hökerin auf Ladugårdtorget (dem Markt von Ladugård), sah er in mir den Retter seiner Zeitung. Ich wurde sofort engagiert, erhielt eine feste Zusicherung von zwei Kronen pro Druckstock mit der Auflage, allein acht bis zehn Zeichnungen jede Woche zu liefern. Ich möchte hier die Gelegenheit wahrnehmen, zu erzählen, daß man zu der Zeit keine andere Art und Weise der Reproduktion kannte, als die Bilder unmittelbar auf fein gehobelte Buchsbaumstöcke zu zeichnen, die dann von den Xylographen „abgescheuert" wurden. Die allerbeste Zeichnung war nicht viel wert, wenn sie in unkundige Hände kam. Sicherlich waren diejenigen, die meine Arbeiten verwerteten, abscheulich, aber es muß gesagt werden, daß kein gewissenloserer und schlechterer Witzezeichner als ich zu finden war. Aber das eigentümliche war, daß sowohl Richard Gustafsson wie auch die Leser von „Kasper" zufrieden waren ... Aber ich fand das Ganze so uninteressant, und es war nur das Honorar, das mich lockte."

„Ich hatte mein Zuhause verlassen und zusammen mit einem Freund, A. M. Lindström, ein möbliertes Zimmer unter dem Dach eines Hauses in der Nähe von Drottninggatan gemietet (...). Mein Freund war ein unternehmungslustiger, kluger und guter Mensch." – „Wir gehörten einer Gruppe an, wir waren eine Art

Der Karton für das Frühjahrsfest der Akademieschüler 1873. Der Karton zeigt die Lehrer und Schüler an der Akademie und deren Tätigkeiten während der vergangenen Semester. Im Mittelpunkt sieht man eine Porträtgruppe von Freunden, die ins Ausland gereist sind; darunter, wie eine „Wurst aus Schonen", den Maler Carl Fredrik Hill. Ernst Josephson redigiert oben rechts die Zeitung Bifrost. Carl Larsson selbst ist ziemlich hoch oben links im Bilde zusammen mit einer jungen Dame zu sehen.

von Bohèmiens, die sich abends in den damals modernen feudalen Restaurants Berns und Blanch trafen. Es waren junge Männer, die unterschiedlichen Berufen angehörten, aber, genau wie ich, ganz auf sich selbst gestellt waren. Wir aßen in einfachen Speiselokalen. Wenn jemand Geburtstag hatte oder es einen anderen Anlaß gab, wurde ein separates Zimmer in „Backi tempel", „Runan", „Berzelius" oder im „Café Rosenbad" gemietet. Ohne dort zu essen oder zu trinken, sangen wir da unsere eigenen Verse zu bekannten Melodien, oder sangen die damals bekannte Oper „Faust", manchmal bei den Deutschen in ihrem lustigen Lokal in Wahrendorfsgatan, wo der kleine Hjalmar Norström wohnte. Wir übernachteten hier und dort und schliefen auf Sofas oder auf einem Schaukelstuhl. Aber wir hatten auch kleine literarische Zirkel, wo man außer mir Birger, Pauli, (den letzteren selten, er hatte immer etwas von einem Einsiedler an sich), Stoopendaal und Viding traf. Wir diskutierten über die Fragen des Lebens und über das Problem der Kunst." C. L. wohnte mit Lindström bis zum Herbst 1872 zusammen, zu dem Zeitpunkt reiste letzterer nach München.

Aktkurs

„Laßt uns zum Thema zurückkommen. So verging die Zeit an der Akademie. Ich machte einigermaßen das, was man von mir erwartete, aber meine Erwerbstätigkeit nahm mir die meiste Zeit." Die Aktschule war die nächste Etappe. „Zur Aktschule mußte man durch unseren Saal hindurchgehen, und wenn einer der Kunstschüler durch die Türe glitt, die nur einen Spaltbreit aufgemacht wurde, haben wir die Gelegenheit wahrgenommen, durch die Ritze zu schauen, um einen Blick auf das nackte Modell zu werfen. Dort drinnen strahlte das Licht, die Herrlichkeit des Paradieses schien sich zu offenbaren. Den ganzen Winter hindurch standen (...) abwechselnd nackte Männer und Frauen Modell. Die ganzen Wände entlang standen müßige (man verzeihe den Ausdruck) und große Gipsfiguren in einem bizarren Durcheinander. Sie stammten aus der langweiligsten römischen Zeit, der langweilige Apollo di Belvedere, einige Venusfiguren, eine Diana, den Schleifer (na, der ist gut), nein, ich möchte mich nicht an sie erinnern. Dort haben sie nun seit Generationen auf demselben

Trachtenstudie,
ein frühes,
nicht datiertes
Aquarell. Carl
Larssongården,
Sundborn.

Moses wird von
seiner Mutter
ausgesetzt.
Ölgemälde,
1874.

Platz gestanden, seit der Zeit des „Monsieur Taraval"." C. L. fing im Herbst 1872 dort an. „Aber man stumpft gegenüber den Aktmodellen genauso ab, wenn man sie fünf Jahre lang am Tage und am Abend malen und zeichnen muß."

Die Illustrationsarbeit hielt ihn gefangen und hinderte ihn an größeren künstlerischen Unternehmungen. Im März fertigte er eine Skizze für das Fach Komposition an der Akademie – Kindtaufe in einer Kirche. Er begann mit einigen anderen Themen für historische Bilder, Thor tötet erbarmungslos seinen Sohn Svade, und Hektors Abschied von Andromache, die er auf Karton zeichnete, aber nicht fertigstellte. Er versuchte sich auch an einigen Bellmanstudien, die ihm selbst nicht gefielen, wurde aber von seinen Freunden, darunter auch Ernst Josephson, ermuntert, auf diesem Wege fortzufahren. Es war wahrscheinlich auch zu dieser Zeit, daß er sein erstes Ölgemälde ausführte, ein Stilleben mit Flaschen und einem Krug; im Herbst 1873 hatte er an der Malschule angefangen.

Am festlichen Jahrestag der Akademie erhielt er Lob und 25 Kronen für Aktzeichnen.

Im Sommer wohnt er ein zweites Jahr in Sickla. Im Hauptgebäude wohnten einige Mädchen von der Akademie. „Kaffeeklatsch und große Essen, Intrigen und Liebeleien" brachten es mit sich, daß er auch jetzt nicht sehr viel zum Malen kam. „Ja, da begann auch ein Verhältnis mit einer der weiblichen Kunstschülerinnen, die sich dort befand" – Vilhelmina Holmgren.

Mauritz Lindström ist den Sommer über zu Hause und versucht, ihn nach München zu locken. C. L. möchte gerne mitfahren, hat aber kein Geld. Er möchte „die großartigen Bilder von Piloty" sehen, und Lindström weckt auch sein Interesse an Böcklin. „Das war eine außerordentliche Idee, du erzähltest von dem Maler mit dem Tod, der auf der letzten Saite spielt – toll!" Aber, wie gesagt, „das Geld fehlte, – man kann immer noch auf bessere Jahre hoffen, ich will übrigens auch erst gesetzter werden".

Hoffentlich werde ich wahrhaftig ein richtiger Mann

In seinem sonst leeren Tagebuch gibt er am Tage seiner Volljährigkeit ein Versprechen ab: „Heute werde ich 21 Jahre alt und bin somit nach unserer Gesellschaftsordnung ein Mann. Möge ich wahrhaftig ein Mann werden, ein wirklicher Mann, der das will, was er soll, und das machen kann, was er will. Möge die Arbeit mein liebstes Spiel werden und die Faulheit „nur eine Erinnerung an vergangene Zeiten". Ich sagte: „Möge" soll aus meinem Wortschatz verschwinden und durch „soll" ersetzt werden. Ich werde mit Gottes Hilfe das, was ich verspreche, auch einhalten."

Der Jahreswettbewerb der Akademie hatte die Aussetzung Moses' durch seine Mutter zum Thema. Carl Larsson fühlt sich reif genug, um einen Versuch zu wagen, und am festlichen Jahrestag der Akademie erhält er Lob und 150 Kronen für die Art und Weise, wie er die gestellte Aufgabe gelöst hat. Er bekommt den Auftrag, Egron Lundgren beim Retuschieren von dessen Bildern für Hyltén-Cavallius' „Schwedische Volksmärchen" zu helfen. Während dieser Arbeit bekommt er die Erlaubnis, in Landgrens

Stilleben. Ölgemälde. Carl Larssongården, Sundborn. Das Gemälde ist nicht datiert, aber wahrscheinlich der erste Versuch Carl Larssons, in Öl zu malen. Entstanden 1873.

Skizzenmappen zu blättern, wobei er sicherlich auch dessen Zeichnungen und Aquarelle von Kairo und der Gegend um Gizeh von 1861 sieht. Seine Auffassung von der Gestaltung der gegebenen Wettbewerbsaufgabe geht anscheinend auf Lundgrens liebenswerte Art zurück, eine junge Mutter aus dem Volk mit ihrem Kind zu schildern. Gefangen von diesem Ruhe ausstrahlenden Genretyp hat er davon abgesehen, das Pathetische im Bild deutlicher hervorzuheben.

Die Redaktion von „Söndags-Nisse" versucht im Herbst, ihn als Zeichner anzuwerben und bietet ihm ein günstiges Honorar an.

Er aber geht zu Richard Gustafsson, der sein Gehalt erhöht: in den kommenden zwei Jahren wird er 2500 Kronen jährlich verdienen, aber mit der Auflage, keine Zeichnungen einer anderen Witzezeitung als „Kasper" zu überlassen. Richard Gustafsson gibt auch die erste Sammlung seiner eigenen Märchen heraus, Carl Larsson ist der Illustrator. Er liefert auch die Illustrationen für die Zeitung „Svalan", den Kalender „Nornan" und zu dem „Buch über unser Land" (Helsingfors 1875).

Die Studien des Vorjahres führten zu einer groß angelegten Schilderung des Jahreswettbewerbs für die Geschichtsmalerei:

Links: Wäinämöinens Gesang aus dem „Buch von unserem Land" von Zacharias Topelius, 1875. Oben: Die Krone des Meeresgottes aus Richard Gustafssons Märchen, Teil I, 1874 sowie Das unbekannte Paradies aus Teil II, 1875.

Gustav Wasa klagt den Bischof Peder Sunnanväder vor dem Domkapitel in Västerås an. Die Aufgabe war mit dem Hinweis auf Fryxells Erzählungen gestellt worden. C. L's erste Kompositionsskizze, eine schnell hingeworfene Federzeichnung, fertigte er bereits am 17. Juni 1874 im Klassenraum an. Das endgültige Gemälde vollendete er in vierzehn Tagen, aber die königliche Medaille bekam nicht er, sondern Hellquist. Er selbst mußte sich, wie Ernst Josephson, mit einer Belobigung und 150 Kronen zufriedengeben. Er bekam auch ein Lob im höheren Antikkurs. Der allgemeine schwedische Kunstverein kaufte sein preisgekröntes Gemälde an.

Er lernte von dem Holländer Leopold Lowenstam, der sich kurze Zeit in Stockholm aufhielt, die Kunst des Radierens. Lowenstam war zusammen mit einigen Österreichern von der Zeitschrift für Bildende Kunst und Kunstindustrie nach Schweden gerufen worden, einerseits, um Beiträge zur Illustration der Zeitung zu liefern, andererseits, um schwedische Künstler in der Technik des Radierens zu unterweisen. Der Kurs wurde eifrig von den Schülern der Akademie besucht.

Reportagezeichner und Illustrator

Den größten Teil seiner Zeit widmete er der Illustrationsarbeit. Er setzte die Arbeit an der zweiten Sammlung der Märchen von Richard Gustafsson fort. Aber vor allem wurde er von Sommer an Reportagezeichner bei der „Ny Illustrerad Tidning" (Neue Illustrierte Zeitung).

„Von dieser Zeitung wurde ich hierhin und dorthin geschickt, meistens zur Eröffnung neuer Eisenbahnlinien; immer das gleiche Zeremoniell mit unterschiedlichen Stadtverordneten, unterschiedlichen Regierungspräsidenten und Triumphbögen. Zwei der Teilnehmer waren aber immer dieselben, der König und ich. Ich besinne mich gut auf das etwas leidende Lächeln König Oskars, als er immer wieder meinen Blicken begegnete. Einmal war es auf Gotland, als die Eisenbahnlinie Hemse-Wisby eröffnet wurde. Harald Wieselgren hatte auf dem Schiff auf dem Weg dorthin versucht, das Interesse Seiner Majestät für meine geringe Person zu wecken, aber diesen Versuch verdarb ich beim Mittagessen in Wisby. Der König stellte mir eine dumme Frage, und ich antwortete – dumm. Wieselgren war rasend und sagte, daß es gewiß gut sei, eine Festung zu erobern, aber genau so wichtig, sie zu halten. Das war ja sehr freundlich von Wieselgren, aber ich habe ihn ja niemals um etwas gebeten. Kann es sein, daß daher die Animosität des Königs gegen mich herrührt?

Ein anderes Mal wurde ich während einer Unterrichtsstunde an der Aktschule herausgerufen, um mich augenblicklich mit einem Extrazug zusammen mit einigen höheren Eisenbahnbeamten nach Lagerlunda zu begeben, wo ein schreckliches Unglück geschehen war. Wir kamen spät dort an. Da standen die beiden Lokomotiven, die in voller Fahrt zusammengestoßen waren, aufrecht einander gegenüber wie zwei steigende Pferde. Aus den Trümmern ragte der Arm des Lokomotivführers, die ganze Brust aufgerissen, ein gräßlicher Anblick.

Später, im Hotel in Linköping, hörte ich die ganze Nacht das Jammern und Röcheln der Sterbenden und Verletzten.

Es war eine kalte Nacht, über dreißig Grad unter Null, und somit war das Zeichnen schwer. Aber es mußte gehen, und es entstand eine Zeichnung, die später durch die gesamte illustrierte Presse des Auslandes ging. Es war das erste Mal, daß mein Name über Schweden hinaus bekannt wurde.

Zwei Bilder aus „Ny Illustrerad Tidning"; Oben: Das Wettschießen der Scharfschützen in Ladugårdsgärd, darunter Das Eisenbahnunglück bei Lagerlunda. Beide 1875.

Mädchen in Blau,
Ölgemälde, 1875.

Oben: Sten Sture der Ältere befreit die dänische Königin Kristina aus dem
Kloster Vadstena. Ölge-
mälde, 1876. Für dieses
Bild bekam er die könig-
liche Medaille. Rechts: Im
Jahr zuvor hatte Carl Larsson für den Wettbewerb
der Akademie ein Bild ge-
malt, das darstellt, wie Gustav Wasa Peder Sunnan-
väder vor dem Domkapitel
in Västerås anklagt. Es
brachte ihm jedoch nur ein
Lob und 150 Kronen ein.

„Das Mädchen, das auf dem Brot herumtrampelte" und „Was die Distel erlebte" aus H.C. Andersens Märchen, Teil II., 1877
Unten: Die kleine Seejungfrau, aus H.C. Andersens Märchen, Teil I, 1876.

Königliche Medaille

„So bekam ich den Auftrag, eine schwedische Auflage von H.C. Andersens Märchen zu illustrieren, das heißt, der Anfang war bereits von einem lungenkranken Xylographen gemacht worden, der plötzlich starb. Ich frage mich, welcher Verlag für solch ein klassisches Werk solch arme Schlucker wie ihn und mich wählen konnte!? Ich erröte bei dem Gedanken an das Ergebnis. Aber ich habe noch mehr Sünden auf meinem künstlerischen Gewissen, so zum Beispiel meine Zeichnungen zu Sroilskys Übersetzung der Balladen Goethes. Ich hoffe, Sie haben andere Auflagen als diese in ihren Bücherschränken …"

Wieder nimmt er am Wettbewerb der Akademie teil. Bei dem gestellten Thema geht es diesmal darum, die Befreiung der dänischen Königin aus der Gefangenschaft in Vadstena durch Sten Sture darzustellen. Für sein Gemälde erhält er die königliche Medaille. „Ich fand, das war ziemlich lustig. Denn es ging immer um dasselbe – wenn nicht sofort, so doch irgendwann einmal, eines der drei- bis fünfjährigen Stipendien zu bekommen. Aber seht, Carl Larsson hatte das Nachsehen: als sie mich nicht direkt umgehen konnten, änderten sie die Bestimmungen, und Axel Kulle, der nie die obengenannte Auszeichnung bekommen hatte, schnappte das Geld vor meiner Nase weg. Das hätte die Akademie nie tun sollen: Die Männer der damaligen Zeit werden verstehen, was ich meine. Aber später sah ich ein, welch himmlisches Glück es für mich war, richtig wütend zu werden und somit gezwungen zu sein, mir selbst zu helfen!!!"

Er wohnte jetzt im Hotel Brunkeberg. Dort wohnte auch seine Freundin Vilhelmina Holmgren zur Miete, die Modell für sein

Der Erlkönig aus Goethes Balladen, 1876

erstes großes Porträt stand, ein Bild in dem vornehmen, würdigen Renaissancestil, den Georg von Rosen bei dem Porträt seines Vaters 1868 verwendet hatte. Die unkonventionelle Intimität, die später bei den Schilderungen seiner nächsten Angehörigen zu finden ist, spürt man hier noch nicht, trotz der Tatsache, daß ihm das Modell sehr nahe stand. „... ohne diese aufopfernde Frau wäre ich wahrscheinlich vor die Hunde gegangen. Sie hielt den Glauben an mich selbst aufrecht; sie suchte, mir eine reinere und höhere Auffassung von meiner Berufung zu geben. Gesegnet sei ihr Andenken! Sie starb, als sie unserem zweiten Kind das Leben schenkte. Das erste war da schon gestorben. Als ich bald darauf nach Paris reiste, vertraute ich das Kind meiner Mutter an. Da bekam ich einen Brief von ihr, daß das Kleine schwer krank war, und ‚würde es nicht sterben, so würde es in Zukunft nicht im Vollbesitz seiner geistigen Kräfte sein‘. Wohl niemals hat irgendjemand inbrünstiger, heißer und weinender seine Hände vor Gott gerungen ... Ich wurde erhört, das kleine Leben erlosch.

Die Liebe dieser Frau war die einer Mutter und einer Liebhaberin. Sie war nämlich älter als ich und rechnete nicht damit, daß das Verhältnis Bestand haben würde. Sie behielt Recht, obwohl nicht so, wie wir beide es gedacht hatten ...

Ich trauerte tief, das Leben war leer nach dem Tode dieser ergebenen Freundin. In den Sommernächten – es war diese Jahreszeit – ging ich hinaus auf den Friedhof und schlief auf ihrem Grab.

Aber eines Nachts – hörte ich in der großen Stille einige Klopfzeichen im Grab! Noch einmal. Wie schwankend begab ich

mich auf den Weg, als mir plötzlich einfiel, daß die Geräusche möglicherweise von irgendeinem Scheintoten aus dem großen Armengrab in der Nähe herrühren könnten. Ich bin froh, sagen zu können, daß ich trotz des Gefühls, von Geistern umgeben zu sein, den Mut hatte zurückzugehen und in das große Grab hinabzurufen: Ist jemand dort? Dann erreichte ich wieder die Pforte. Den Tag darauf reiste ich ab."

Vilhelmina Holmgren, Ölgemälde 1876–77

Die erste Paris-Reise

Am 28. März gaben die Freunde für Larsson, den Bildhauer Edvard Brambeck und den Landschaftsmaler Hjalmar Sandberg ein Abschiedsfest in „Skomakarekällaren" (Schuhmacherkeller). Es dauerte jedoch noch eine Weile, bevor er sich auf die Reise begab. Er trat die Reise nach Paris erst am 17. April an, nach einem einfachen geselligen Beisammensein im Café Blanch zusammen mit einer großen Zahl von Freunden. Dort wurde auch Brambeck verabschiedet, der sich zur gleichen Zeit auf eine Reise nach Rom begab. Man begleitete sie zum Bahnhof und brachte Hochrufe aus, als der Zug abfuhr.

„Nun endlich ging es los nach Paris. Als ich dort ankam, war ich blank, aber da ich meinen Reisekreditbrief bei mir hatte, beunruhigte es mich nicht, und ich nahm eine Droschke und fuhr zur Crédit Lyonnais. Ich bekam mein Geld und ging hungrig wie ein Wolf in ein Restaurant auf der anderen Seite des Boulevards, das meiner Meinung nach anspruchslos, aber sauber aussah. Die übliche Zeit des Mittagessens war vorbei, und es saß nur ein einziger Gast da. Da saß er, mitten auf einem Sofa, in einen Pelz gehüllt – es war freilich erst Frühjahr, aber trotzdem … – er war kahlköpfig, mit langen, schwarzen Koteletten und einem Kneifer auf der langen, krummen Nase, mit einem Wort: es war – Offenbach. Er war zu der Zeit überall auf der Höhe seiner Popularität, seine Melodien waren in aller Munde. Da saß er nun und hatte sich gemütlich ausgebreitet und schmunzelte satirisch, aber doch freundlich den verlegenen, schlecht gekleideten nordischen Filou an.

In meiner Verdutztheit warf ich die Weinflasche tolpatschig auf den Fußboden, wo sie zerbrach. Der Kellner sagte freundlich: ‚Ça ne fait rien, Monsieur', und ich bekam eine neue. Ich wurde immer kleiner und kleiner und hatte das Gefühl, daß dieses Restaurant nicht so schlicht war wie ich; und das war es tatsächlich nicht, sondern das allerfeinste Restaurant in Paris: Bignon!

Ich aß so wenig wie möglich und mußte ein kleines Vermögen dafür bezahlen.

Im Herzen der Stadt

Ich war froh, in dem Lärm, dem Geschrei und dem Gedränge der Weltstadt zu sein, und hier befand ich mich mitten im Herzen der Stadt. Aber wie immer es auch war, hatte ich genug Verstand, in den richtigen Bus (l'imperial) zu steigen, der mich nach Montmartre brachte, wo ich nach vielem Suchen den kleinen Skånberg fand. Dieser kleine Mann war ein großer Geck, elegant wie ein Pfau. Er war auch entsetzt über meine provinzielle Kleidung, nahm mich hinunter ‚in die Stadt' –, wo er mich nach der letzten Mode ausstaffierte. Auch schleppte er mich zu einem erstklassigen Friseur – auf dem Boulevard des Italiens! – wo ich einen modernen Stirnponyschnitt bekam …

In Paris mußte alles gesehen werden. Einige meiner Landsleute kümmerten sich um mich, in erster Linie Skånis. Aber wenn ich nun daran denke, war es nicht das Beste, was ich nach deren Urteil sehen mußte. Sie rümpften die Nase über Ingres, aber schleppten mich zu Delaroches scheußlichem Hemicykel. Sie gerieten in Ekstase über die zuckersüßen Skulpturen von Barrias und anderen, und so weiter …

Auf irgendeine Kunstschule bin ich nie gegangen – und das war gut so. Was ich tat, war, mir ein Atelier zu beschaffen, was in Paris nicht schwer war. Ich bekam das von Börjeson, der mit seiner Frau nach Rom reiste. Es war in der Nähe der anderen Schweden; wir hatten es so nett zusammen. Die kleine, schmale Querstraße hieß Rue Capron. Auf dem Hof ein kleiner Anbau, darauf eine Treppe,

Pariserin und Carl Larsson, Tuschzeichnung. Nationalmuseum.

„Elegant wie ein Pfau" – der Künstlerkollege Carl Skånberg. Ölgemälde, 1878. Nationalmuseum.

ungeniert gegessen und getrunken, obwohl keiner Geld hatte. Ein langer Bleistift ging von Hand zu Hand, der Name wurde auf die Rechnung geschrieben, die danach von François im Büro, in dem jeder seinen Haken hatte, aufgehängt wurde. Sobald jemand Geld bekam, mußte er – nach dem ungeschriebenen Gesetz – das Ganze oder einen Teil davon an Seberant zahlen. Ja ohne diesen vertrauensvollen Mann würde die schwedische Kunst der 80er Jahre nicht entstanden sein …! Ihm gebührte ein Abschnitt in der schwedischen Kunstgeschichte!!"

Am Rande des Selbstmordes

„In meinem notdürftig möbliertem Atelier hatte ich eine riesige Leinwand aufgespannt, auf der ein Werk mit dem Titel ‚Das letzte Lied des sterbenden Dichters an die sinkende Sonne', eine Szene des Sündenfalls, begonnen war. Die Leinwand war so groß bemessen, daß der eine Fuß des Dichters, der sich gegen den Betrachter richtet, doppelt so groß wie ein normaler Fuß war. Nachdem ich Farben und andere Utensilien gekauft und mir für einige Sitzungen ein Modell beschafft hatte, waren mir meine Mittel ausgegangen. Ein paar freundliche, alte Arbeitgeber in Schweden hatten zu bescheidenen Preisen ein paar kleinere Sachen von mir gekauft, aber dieses Geld war im Augenblick ausgegeben. Jetzt sah es schlecht aus (…). Ich schloß mich ein, wälzte mich auf dem Fußboden herum und küßte einen alten Totenkopf, den ich hatte (und noch habe; ich nahm den alten Freund mit mir nach Hause nach Schweden, und er thront jetzt in meinem feinen Museum in Sundborn).

Drei Tage vergingen ohne einen einzigen Bissen. Ich wartete darauf, daß ein Wunder geschehe! Es geschah aber nichts dergleichen! Ich sah keinen Ausweg für die Gegenwart, aber das, was zu meinem Beschluß den Ausschlag gab, war der Gedanke an die Zukunft: sie war schwarz und vollkommen hoffnungslos.

So ging ich herunter zur Seine. Soweit ich mich besinne, war ich recht resolut; es war so leicht zu gehen, weil der ganze Weg von Montmartre bergab ging. Es war im Herbst, und es war gerade in diesem Monat, in dem die alten Frauen an den Straßenecken standen und Pfannkuchen brieten. ‚Sieurs, Mesdames, deux sous', das war genau der Betrag, den ich in der Tasche hatte und den ich mir aufgehoben hatte, damit mir keiner ins Gesicht sagen konnte, ich hätte keinen einzigen Sou …

Ich ging stolz vorbei." Das Angebot von Pfannkuchen nagte an seinen Selbstmordplänen, die Gedanken an seine Mutter taten das ihre. Er drehte sich um, aß Pfannkuchen und trank dann Kaffee in L'Eremitage auf Pump. „Zum Kaffee gehörte immer ein kleines Fläschchen sogenannten Cognacs, und der muß seine Wirkung getan haben, denn, als Pauli eintrat, der gerade vom Mittagessen von der sogenannten naheliegenden „Ecke" kam, sagte ich etwas über den Gegensatz zwischen uns: er sei derjenige, der gerade vom Essen komme, ich sei derjenige, der seit drei Tagen ohne Essen sei … ich besinne mich natürlich nicht auf den genauen Wortlaut. Er hielt mir die zwei bis drei Francs hin, die er hatte und sagte – ‚geh essen'! Was ich auch tat. Am nächsten Tag standen die Freunde Schlange auf dem Hof an der Rue Capron … Tolle Freunde!

die an der Wand zum Atelier führte. Ich richtete es jetzt so ein, daß es außer dem Atelier zwei Zimmer und einen Vorraum gab. In dem einen Zimmer wohnte ich selbst, in dem anderen brachte ich den norwegischen Bildhauer Skeibrok unter … Die kleine Gruppe, die sich um mich scharte, hielt mich zwar bei guter Stimmung, aber da keiner von ihnen einen Sou hatte, wurde es bald für mich bedenklich. Ich konnte an den Fingern abzählen, daß es abwärts ging – und bald war mein Guthaben beim Crédit Lyonnais so geschmolzen, daß ich versuchte, wieder Verbindung mit meinem Stockholmer Verleger, Hj. Linnström, zu knüpfen. Aber der Arme war dabei, in Konkurs zu gehen, und antwortete nicht einmal auf meine Briefe.

Nun bekam ich es mit der Angst zu tun (…). Die Freunde waren alle arm und lebten meistens auf Kredit. So zum Beispiel kamen sie in Monsieur Seberants Speisesaal in der sogenannten „Ecke", Rue des Martyrs und Boulevard de Clichy zusammen; dort wurde

Am Weihnachtsabend 1877 zeigte Carl Larsson in seinem Atelier in Paris diesen urkomischen Karton mit Zeichnungen aus dem Leben der schwedischen Kolonie in dem wunderbaren Frankreich. Er gibt ein strahlendes Bild, das wohl nicht immer mit der harten Wirklichkeit übereinstimmte. „Das Leben ist nun einmal so: auf Heiteres folgt vieles Ernste".

Seitdem mahne ich: ‚Wirf niemals die Flinte ins Korn!' Und wirf dich nicht selbst weg ... Wie dumm wäre es gewesen, hätte ich es getan!'".

„Dieses Atelier auf der Rue Capron hätte viel erzählen können, allein aus meiner Zeit. Über Feste – man hat ja nicht immer gehungert ... Ich möchte über einige kurz berichten. Vilhelm Vallgren hat in seinem ABC-Buch treffend über ein Weihnachtsfest bei mir erzählt.

Es war auch großartig, als ich von einem Pult aus die ‚Geschenke' an eine lärmende Menge Skandinavier austeilte, unter denen sich, zu meiner Freude, beinahe zwanzig Finnen befanden. So tauchen aus dem Dunkel der Erinnerung andere, ähnliche Orgien auf, wo der Bildhauer Ingel Fallstedt die Bowle zubereitet, um die wir wie Dämonen beim blauen Licht der Flamme herumtanzen. Und dann am nächsten Morgen ging ich mit jämmerlich schmerzendem Kopf in dem Chaos der zerschlagenen (geliehenen) Gläser herum, fegte die Scherben zusammen und feuchtete die Lippen der verunglückten Wracks an, die auf Teppichen und Sofas herumlagen. Erst am Abend konnte ich mich Hand in Hand mit Skeibrok in erbärmlichem Zustand zu einer Gaststätte schleppen, wo es Eau de Goudron gab."

Mit Skånberg in Barbizon

„Als nun der Sommer kam, lud mich Skånberg feierlich ein, mit ihm auf seine Kosten dorthin zu fahren, was ich dankend annahm. Skånberg gehörte nämlich zu denen, die nicht nur malten, sondern auch verkauften. Dort malte ich auch das kleine Porträt, das – zu meiner Verzweiflung – durch eine Schenkung jetzt im Nationalmuseum hängt. Natürlich hatte ich dort meine ‚Malutensilien' bei mir.

Da ‚Maison Gerand' voller Gäste war, wurde ich bei einem einsamen, alten Bauern in der Nähe untergebracht. Dort erlebte ich zum ersten Mal in meinem Leben den Frieden und das Glück des ‚Landes'. Der Bauer war den ganzen Tag draußen auf dem Feld, und ich genoß allein und ungestört die herrliche Einsamkeit. Das Zimmer war groß und weiß gestrichen und nur mit einem Stuhl, einem Tisch und einem Bett ausgestattet. Außerdem gab es einen kleinen, vom Priester gesegneten Zweig in einem Schälchen mit Wasser, das allein und feierlich an der sonst ganz leeren, weißen Wand hing. Ich weiß, daß ich meine Hände faltete und Gott dankte. Der Duft der Erde berauschte mich, der Instinkt des Bauern wurde im Abkömmling der Bauern geweckt. Das Vogelgezwitscher, das ich bei geöffneten Fenster im Garten hörte, hat mich hingerissen. Milde Winde streiften die Stirnlocken des verlorenen Sohnes, als er mit der Nase über seiner Zeichenarbeit am Tische saß ... Welch eine rustikale Freude bei den Mahlzeiten mit den anderen, den Kindern des Landes und uns.

Ein wenig malte ich wohl auch: eine Gruppe Disteln; Partien aus dem Wald von Fontainebleau, die weiten Ebenen ..."

Eselskarren in Barbizon, Ölgemälde, 1877

Clair-obscur, Ölgemälde, 1877, Gesellschaft der Neun.

Die frische Luft und der Bauerninstinkt brachten es mit sich, daß er sich von den großen Ambitionen frei machte: er malt einen einfachen Eselskarren auf einem Landweg, macht eine Studie von einem verwilderten Garten, bei dem er sich auf die Disteln und das Unkraut im Vordergrund konzentriert. Bei diesen intimen realistischen Studien beginnt er, sich selbst als Maler zu finden, aber scheint das noch nicht zu erkennen. Er behält dieselbe Einfachheit bei der Sicht der Wirklichkeit bei, nachdem er nach Paris zurückgekommen ist und malt ohne weitere Vorbereitung eine Brücke in Paris.

Kummer über das Stipendium

Aber in Paris stand er unter dem Zwang, Bilder zu malen, die sich verkaufen ließen. Er überarbeitete seine Studien mit literarischer Anekdote und symbolischem Zubehör, sentimental, exotisch. Zwei andere Bilder schickte er an die Kunstvereinigung in Stockholm: Clair-obscur (mit den Barbizondisteln als Staffage) und „Bei der Hexe". Als die Frage des Stipendiums für das neue Jahr sich erhob, zögerte man an der Kunstakademie, es ihm zu geben, und Larsson schrieb an F. W. Scholander, Professor an der Kunstakademie: „Und da werden meine beiden Bilder an die

Brücke, Paris, Aquarell, 1877

Motiv von Barbizon,
Ölgemälde, 1877,
Nationalmuseum

Kunstvereinigung Schuld daran sein, wobei ich gewißlich meine, daß die Kunstvereinigung sie neben anderem Schund kaufen könnte, aber ich hätte niemals gedacht, daß die Akademie der Meinung sein könnte, wegen der Bilder sei ich das Stipendium nicht wert, oder Gott helfe mir, noch schlimmer, daß sie daraus auf meine ganze Richtung schließen könnte.

Eine Tatsache: Von den Medailleninhabern, die sich um ein Stipendium bemühen, bin ich der einzige, der nach dem Malerwettbewerb ein Bild an die Akademie geschickt hat, ein Bild, das die Anerkennung der Akademie gefunden hat: ein Frauenbildnis (Vilhelmina Holmgren). Ein Bild, das mich in die erste Reihe aller derer stellt, die sich um ein Stipendium bemühen, eine Tatsache, die die Akademie ehrlicherweise nicht vergessen darf. Und stellen Sie sich nur vor, Herr Professor, wie schrecklich ich mich fühle, da ich an einer großen Leinwand arbeite und mich mit einem wirklich monumentalen Thema befasse, einer ‚Szene aus der Sintflut‘, wenn ich daran denke, daß ich wegen meiner Armut diese beiden anderen Bilder gemalt habe, in der Hoffnung, sie zu verkaufen, um Geld für mein großes Werk zu haben. Die Akademie scheint nur diese beiden elenden Werke zu sehen und schließt daraus auf meine ganze Zukunft, auf mein ganzes Können als Künstler. Ich bin nicht in der glücklichen Lage wie andere, die Unterstützung bekommen, so daß sie nicht irgendwelche Bilder nach Hause schicken und nichts riskieren müssen, sondern die selbst Geld haben und lediglich Kopien malen, die jeder Einäugige machen könnte. Ich habe den Direktor der Akademie auf das Eindringlichste gebeten, im Namen der heiligen Gerechtigkeit dieser Akademie vorzutragen und dabei nur an meine Medaille und das obenbenannte Porträt zu denken. Ich weiß sehr wohl, daß ich nicht dazu geeignet bin, die netten Sachen, die man in Schweden so schätzt, auf kleine Leinwände zu malen, sondern ich möchte mich den großen Themen zuwenden, bei denen Phantasie und Gedanke in herrliche Form und stolzen Ausdruck umgewandelt wird. ‚Man verfehlt den Sperling, aber trifft den Adler‘ hat irgendein kluger Kerl gesagt, und das verstehe ich genau so gut wie Sie, Herr Professor, Sie, der einer der großen Geister unseres kleinen Schweden sind und der selbst dieselben Sünden begangen hat wie der Schüler. ‚Hilf Samuel, Hilf!‘ ich muß ein Stipendium bekommen. Theaterdonner und irrende Geister! Alle zu Hause wissen von meinen Lehrern, daß ich mehr Talent habe als die meisten anderen, die sich um ein Stipendium bemühen, aber können die nicht ahnen, daß ich in Zukunft zu ‚den Besten im Lande‘ gehören werde? Hier würde man es als den größten Skandal ansehen, wenn nicht ich, der als Favorit für den Vorschlag gilt, das Stipendium bekäme. Man verzeihe mir meinen ‚Frevel‘, aber meine Zukunft und meine Ehre stehen auf dem Spiel“.

Er möchte unbedingt das große Staatsstipendium bekommen, das zum neuen Jahr, nachdem Kronberg es gehabt hat, frei wird. Am 28. Januar 1878 schreibt er an Scholander: „… wie kommt es, daß mir nie jemand unter die Arme greift, um mir auf diesem schweren Weg zu helfen? Ich bin jedoch froh, daß niemand sich die Mühe gemacht hat, aber mein Herz hat geblutet. Und warum sollte ich nicht weinen dürfen, obwohl unser Herr in seiner Unergründlichkeit mir eine Narrenmaske als Gesicht gegeben hat? Und haben nicht die meisten meiner Lehrer direkt oder indirekt gesagt,

daß ich Talent habe, vielleicht sogar mehr Talent als der eine oder der andere? Ich habe mich wohl von einer Schule zur anderen, von einer Belobigung zu der anderen und schließlich zur königlichen Medaille nur – durchgemogelt! Oh, wie habe ich getobt! Das Schlechte in meiner Seele ist mehr und mehr zu Tage getreten und hat Form angenommen. Meine Themen für die Wettbewerbe sind nicht das gewesen, was die Themen meiner Mitstreiter gewesen sind: das Resultat akademischer Studien, in aller Ruhe auf eine Leinwand gebracht, sondern sind das Ergebnis einer konzentrierten Wut und Leidenschaft gewesen. Ist es dann ein Wunder, daß meine Werke das geworden sind, was sie sind, nämlich etwas vollkommen Unnormales, das zwangsläufig Mißtrauen erwecken mußte?“

Ein paar Tage danach, am dreißigsten, schildert er Boklund seine Lage: „… Und stellen Sie sich mich in einem teuren Atelier vor, ohne etwas malen zu können, das etwas wert ist, weil das Geld fehlt. Nun hat das Glück im Unglück es mit sich gebracht, daß es mir gelungen ist, den Auftrag für einen Holzschnitt zu bekommen, aber in einem Atelier zu sitzen, das so groß ist wie eine kleine Kirche, um diesen Holzstock zu bearbeiten. Man braucht sich nicht zu wundern, daß ich aus Raserei und Verzweiflung bisweilen brülle, so daß es durch das ganze Atelier schallt, so leer, daß das Echo nicht durch alte, schöne Möbel und prachtvolle Vorhänge, wie sie an den Wänden einiger meiner glücklicheren Landsleute zu finden sind, gestört wird.

Bedenken Sie, Herr Hofintendant

Außer Carl Larsson bemühten sich Josephson, Hellquist, Birger, Axel Kulle und Alfred Nyström um das Stipendium. Am 27. Februar faßt die Akademie ihren Beschluß. Hellquist wird als der am besten geeignete für das Stipendium angesehen. Er hatte in der Zwischenzeit bereits das Dahlgrensche Akademiestipendium bekommen, das hiermit frei wird, und Carl Larsson kann sich von neuem Hoffnung auf dieses Stipendium machen.

Am 11. April schreibt er wiederum an Boklund: „Bedenken Sie, Herr Hofintendant, daß ich mich ein ganzes Jahr in dieser teuren Stadt aufgehalten habe, ohne einen Schilling Unterstützung von irgendeiner Seite zu bekommen. Ich habe schreckliche Augenblicke durchgemacht, die meine einst frohe Natur kalt und ernst gemacht haben. Und kommt die Hilfe nicht bald, so ist es zu spät. Das hört sich nun furchtbar an, muß aber wörtlich genommen werden, daß ich meine Zukunft als Maler aufgeben muß. Und das ist das furchtbarste, was mir geschehen kann. Ich erhoffe mir indessen viel von der Akademie und alles vom Herrn Hofintendanten. Ich sage das mit Überzeugung, denn erst hier ist es mir klar geworden, daß ich Talent habe, und zwar in der richtigen Richtung – der Richtung, wie sie in erster Linie die Akademie fördern muß (…) bekomme ich etwas Wind in die Segel, so soll bei Gott mein stolzes Schiff um die erbärmlichen Hindernisse herumsegeln, die

Amor Merkur, Ölgemälde, 1878. Carl Larsson war selbst nicht damit zufrieden. Er fand bald, daß es „so etwas außerordentlich Mißglücktes sei, wie man es sich nur vorstellen kann."

Am 1. Mai wendet er sich von neuem an Scholander: „Seien Sie wie ich ein ganzes Jahr im Ausland ohne die geringste Aufmunterung, ohne eine einzige Unterstützung und malen Sie doch der Ehre wegen Bilder für Ausstellungen und Salons – da ist es so, daß ein jeder ausrutschen kann. Nach außen hin bin ich recht adrett, weil ich ein gewisses Talent habe, ‚mich aufrecht zu erhalten', aber das ist nur ein weißgestrichenes Grab voller Totengebein. Ich bin nicht einmal mehr gereizt, denn Weltverachtung, Gottesverachtung und Menschenverachtung lähmen die Seele (…). Aber nun ist (…) die Hoffnung auf den Erhalt eines Stipendiums erwacht. Ich habe große angefangene Arbeiten, die ich beenden will, große, gedanklich geplante Arbeiten, die ich beginnen will. Sollte einmal ein wenig Sonne auf meinen Weg fallen, glaube ich, würde man schnell die Auswirkungen erkennen. Ich bin eine unruhige Bestie mit demokratischen Neigungen, empfänglich für die Strömungen der Zeit, aber das ist wohl ein Fehler? Wenn jemand ein Kind seiner Zeit ist, so ist es wohl der Künstler. Unsere Zeit will etwas, begeht Fehler und Irrtümer, gewiß, aber sie sucht, und sie wird vielleicht ziemlich schnell finden. Dann wehe dem, der in den dunklen Winkeln alter Zeiten herumgebastelt und gegraben hat. Er wird davon überrascht werden, daß es ein klarer, strahlender Tag ist, das strahlende Licht wird dann seinen ganz der Abenddämmerung zugewandten Blick töten. Nein, vorwärts! Warum nach etwas streben, das bereits gemacht und herausgefunden ist? ‚Such, oh Mensch, aber suche das Beste!' waren die Abschiedsworte des Professors an mich. Und ich suche, und ich suche das Beste, weil – das Beste bestehen bleibt, ihm die Zukunft gehört und immer gehören wird, denn es geht immer weiter und Malen ist: das Beste.

Heute wird die Ausstellung eröffnet. Wir Schweden in Frankreich haben uns ganz wacker geschlagen, um zur Ehre unseres Landes einen Beitrag zur Ausstellung zu leisten. Ich habe einen Amor Merkur gemalt, einen Jungen von 14 Jahren mit goldenen Flügeln und goldenem Hintergrund: ein kühnes Farbexperiment, voilà tout. Obwohl Salmson viel von dem Bild hielt, bat ich ihn doch, es ziemlich hoch unter der Decke aufzuhängen, aber nachdem ich die Bilder gesehen hatte, die von zu Hause (aus Schweden) gesandt worden waren, sagte ich ihm, daß er mein Bild an einen der allerbesten Plätze hängen könne. Ich liege im Augenblick im Walde von Fontainebleau – und zeichne Bäume; Borg und Skånberg, die auch hier sind, haben mir das Geld geliehen, damit ich hier draußen sein kann, weil die guten Kerle glaubten, daß ich es brauche. Es ist eine Wohltat für die Augen, keine Bären zu sehen, hier sieht man Wildschweine, vor denen ich mich nicht fürchte."

Aber er bekommt nicht das Dahlgrensche Stipendium. Von den 13, die sich darum bemühen, wird Josephson vor ihn gesetzt, und er muß sich mit einem einmaligen Stipendium von 1000 Kronen begnügen und mit einem tröstenden Wort von Scholander, der die Frage aufwirft, ob es nicht besser sei, nach Hause zu reisen und sich den Illustrationen zu widmen und nach dem Geschmack des Kunstvereins zu malen, bis er neue Mittel zusammenbekommen hat, um sich wiederum auf Reisen begeben zu können. Er ist gezwungen, Scholanders Rat zu folgen, und fährt im Spätsommer nach Hause.

es wagen, sich in mein Fahrwasser zu legen. Ich bin eine mutigere und derbere Natur als man glaubt, ich schaue weder zurück noch zur Seite, sondern nur geradeaus! Möge die Akademie ihre Aufgabe nicht darin sehen, diese Pilze – die Dilettanten – aufzulesen, die am Wege der Kunst wachsen (d. h. da irre ich mich, denn sie wachsen und können nur wachsen auf dem kleinen Seitenweg der Landschaftsmalerei!) – Helfen Sie mir, denn es ist notwendig, daß ich meine monumentalen Ideen und Skizzen verwirklichen kann. Hilfe!"

In Stockholm 1878-80

Das erste Jahr in Paris hat die Voraussetzungen für eine ständige Gegnerschaft geschaffen. Die Vorgänge mit den Stipendien haben ihm Mißtrauen gegen die Akademie und deren künstlerisches Urteilsvermögen eingeflößt. Außerdem haben die Sommer in Barbizon mit ihren „klaren, strahlenden Tagen" seinen akademischen Ehrgeiz und seine Verbundenheit mit der Tradition gelockert. An Stelle dessen sieht er sich als Kind seiner eigenen Zeit mit Emanzipationsdrang und Fortschrittsglauben. In diesem neuen Geiste schließt er sich an August Strindberg an, als er nach Schweden zurückkommt.

„Ich habe gerade Eure nicht abgeschlossene Arbeit ‚Meister Olof‘ gelesen. Es ist mir ein dringendes Bedürfnis, Euch meine Bewunderung – meinen Dank – zu bezeugen. Sie kennen mich nicht – das ist ganz natürlich, da ich noch nicht gezeigt habe, nach welcher Richtung ich mich begeben werde. Ich glaube, wir sind uns darüber einig, daß es ein Kampf ist, den wir Jungen durchmachen. Und der Kampf tötet – zerstört. Weg mit dem Alten, es hat wohl seine Bezauberung mit seinen mystischen Irrwegen, seinen dunklen, verträumten Höhlen, in denen das eine oder andere flackernde Licht in den Gewölben hängt. Diese Lichter können nur sich selbst erhellen, machen jedoch das Dunkel um sie herum noch dunkler. Nein, zerstören! Es ist hart für einen Künstler mit einer romantischen Einstellung; aber die Zeit fordert ihr Licht. Licht = Wahrheit. Aber …

Was ist Wahrheit? Ach! Ihr brausenden Ströme! Brecht erst die Dämme, bevor Ihr die Freiheit im Ozean findet.

Wir wissen nicht, was Wahrheit ist, aber wir erkennen, was nicht die Wahrheit ist: das ist dieser dunkle Götzentempel, in dem die falschen Heiligen ihren Platz haben. Nieder damit! ‚Ich bin nicht gekommen, Frieden zu bringen, sondern das Schwert!‘ (Matthäus 10), sagte der Sohn Luzifers. Somit huldigte er demselben Grundsatz. So zerstöre denn mit Feuer und Schwert, damit Platz geschaffen werde für kommende Geschlechter, damit sie ungehindert den hellen Tempel der Wahrheit errichten können. Die Brahmanen hatten göttlichen Rang für Schiwa, der alles außer den Freuden der Liebe zerstörte.

Ich weiß nicht, wie es kommt, aber ich habe immer etwas Gemeinsames mit Ihnen bei mir geahnt; das Gemeinsame, zu grübeln und suchen, was unsere Zeit will, und redlich und mutig einen Kampf zu wagen, wenn man beginnt, Kraft dazu zu verspüren, wenn Muskeln und Sehnen sich spannen. Es mag Ihnen vermessen erscheinen, daß ich mich mit Ihnen auf die gleiche Ebene stelle! Mit Ihnen, die Sie schon begonnen hatten, als ich gerade aus dem Nest geflogen war. Aber es ist nicht mein Fehler, daß Sie früher das Gefühl eigener Kraft bekommen haben, das ich nur ahne. Aber das ‚Wort wurde Fleisch‘ heißt es: das Wort kommt also zuerst, und ich werde mich ehrlich bemühen, es in Fleisch zu verwandeln.

Wie Sie auch diesen Brief beurteilen werden, möchte ich Sie in erster Linie darum bitten, ihn als Ausdruck meiner Bewunderung und Hochachtung für Ihren ‚Meister Olof‘ zu betrachten, der nicht nur ein starker, mutiger Streiter im Kampfe um das Licht ist, sondern auch das Zeichen des Genies trägt."

Ich arbeitete mit dem Mut der Verzweiflung

Aber es bedurfte noch mehrerer Wandlungen, bevor er zum Gegner der hergebrachten Ordnung wird. Noch ein paar Jahre wühlt und gräbt er „in den dunklen Ecken der alten Zeiten."

„Ich wohnte wieder im Hotel Brunkeberg und besorgte mir etwas zum Lebensunterhalt, die unangenehmste, langweiligste und unkünstlerischste Arbeit, die man sich denken kann, aber ich will hier nicht sagen, was das alles war.

– – –

Ich arbeitete mit dem Mut der Verzweiflung, weil ich bei meinen Unternehmungen zäh bin. Ich würde mich in die Richtung begeben, die ich gewählt habe! Jetzt hatte ich mir ein Zimmer bei einer armen Familie im Roslagstorg gemietet. Dort sammelten sich bald die Raben, denn ich begann, ein begehrtes Aas zu werden. Meine langweilige Arbeit verschaffte mir ein gutes Einkommen, außerdem machte ich heiter bei dem einen und anderen Vergnü-

Titelbild aus Palettskrap Nr. 8, Oktober 1878

Illustrationen für die norwegischen Volksmärchen von Asbjörnsen und Moe, 1877–1878. Ungravierte lavierte Zeichnung auf Holz. Diese war die erste, persönlichere Illustrationsarbeit Carl Larssons, die wegen Konkurs des Verlegers niemals in Buchform erschienen ist. Aber die schönen lavierten Zeichnungen wurden für die Nachwelt aufgehoben. Der Xylograph, d.h. der Holzgraveur, arbeitete direkt auf dem Holz und das Original wurde vernichtet.

gen mit, ohne zu genau zu nehmen, was es war. Natürlich habe ich mich danach gesehnt, wieder richtig anfangen zu können, und habe eine große Leinwand ‚aufgespannt‘, auf der man ‚die Höllenfahrt des Selbstmörders‘ in der Nacht sah: ein junger Toter, der von einer jungen, rothaarigen Hexe auf dem Rücken getragen wird ... Zum Glück wurde diese Dummheit nie beendet.

In der Zeit, in der ich in Paris war, hatten die Akademieschüler hier eine Gesellschaft gegründet, A. K., in die ich eingeführt wurde und deren Vorstandsmitglied und Redakteur der Zeitung ich bald wurde. Sie war illustriert und erschien mit einer Auflage von etwa hundert Exemplaren. Während der Arbeit kam ich in einen ganz neuen Freundeskreis hinein, meistens Architekten." Sein Leben erhält eine ganz neue Prägung, „vielleicht vor allem deshalb, weil ich durch diese Gesellschaft Umgang mit feinen und gebildeten Frauen und auch deren Familien bekam. Ich besinne mich auf einen Ball bei Johan Jolin, dessen Tochter Ellen ich in A.K.

kennengelernt hatte. Dort traf ich unter anderen ein kleines Fräulein Bergöö. Sie sollte, als die Zeit reif war, meine Frau Karin werden. Da saß ich mit ihr zwischen einigen Tänzen und sprach mit einem unterdrückten Gähnen, ohne daß irgendeine Saite meiner Seele zum Klingen kam ..."

Der erste Kontakt mit Strindberg

Ein Freund, der eine große Rolle bei seinem Werdegang gespielt hat, war der aus Schonen stammende Journalist August Strömbäck, der ihn in einem Artikel in der Zeitung ‚Hemvännen‘ 1884 vorstellen sollte.

„Dieser Strömbäck sagte eines Tages: – Hier gibt es einen jungen Verfasser, der an einem Buch zu arbeiten scheint, das Überraschung und Aufruhr auslösen wird. – Er war mir nicht ganz

Anfang aus Herman Sätherbergs Blumenkönig, 1879

unbekannt. Durch einen Zufall ist der Jüngling in dasselbe Haus gezogen, in dem meine Eltern noch wohnten, in Grevmagnigränd ‚Sieben‘. Er war von zu Hause weggezogen und hatte sich ein Zimmer bei der Familie eines Polizisten gemietet. Diese Familie erzählte den Nachbarn, daß er nicht wie andere Menschen sei, sondern deren Sympathie hervorgerufen habe, als er sein zweites Paar Schuhe einem Mann namens Ekström gab. Dieser war der Freund Pelle, der Maler. Als ich später auf einem Theateranschlag den Namen Strindberg las, ging ich und kaufte mir eine Karte für meinen üblichen ‚vierten Rang‘ und sah einen ziemlich mittelmäßigen dramatischen Versuch, der von Thorvaldsen in Rom handelte. Also …

Einige Zeit später klopfte es leise an meine Tür (Roslagstorg), und da stand Strindberg! Mit einem dicken Stoß Papier unter dem Arm. Er stellte sich vor und bat um Rat, an welchen Verleger er sich mit dem Manuskript, das er ‚Rotes Zimmer‘ nennen wollte, wenden könne. Ich nannte ihm ‚den Bonnier‘, und er ging zu Seligmann.

Dieses war der Anfang einer langjährigen Freundschaft – die jedoch in bitterer Feindschaft enden sollte … Wir waren viel zusammen. Wir wühlten in dem Gerümpel und Abfall, der in den Roslagsumpf ausgeschüttet worden war und stießen dort auf Stücke alter Kachelöfen und aufeinandergeklebte Tapeten … So durchstreiften wir die Stadt innerhalb der Brücken, treppauf, treppab, wir liehen uns die Schlüssel zu den Böden und Kellern und erforschten alles Alte, das es an Architektur und Komfort aus dem 17. Jahrhundert gab.

Aber dieser Mann hat einen so tiefen Einschnitt in meinem Leben bedeutet, daß ich glaube, daß es am besten ist, wenn ich ihn Zug um Zug schildere … Ich verehrte ihn! das mag für den Anfang genügen.“

Carl Larssons „peinliche, langweilige und unkünstlerische Arbeiten“ waren wie gewöhnlich Illustrationsaufträge für Bücher, Weihnachtskalender und ‚Ny Illustrerad Tydning‘. Für die norwegischen Volksmärchen von Asbjörnsen und Moes begann er die Illustrationen 1877 in Paris. Die lavierten Zeichnungen wurden nie xylographiert und nie herausgegeben.

Titelseite Palettskrap Nr. 13, 1879

Wiederum Illustrationen:

Während seines Aufenthalts in Paris im Jahre 1878 hatte er mit Albert Bonnier eine Vereinbarung über die Illustrationen der ‚Erzählungen des Wundarztes' (Feldschers) getroffen. Er begann im gleichen Jahr diese große Arbeit und war bis August 1884 damit beschäftigt. Dann hatte er 326 Zeichnungen angefertigt. Sein Honorar betrug 20 Kronen für ein ganzseitiges Bild und 4, 7 und 10 Kronen für kleinere Bilder. Das Werk erschien 1883–84. „Für ein Werk wie dieses mit diesem ernsten historischen Hintergrund gehört es sich nicht, solche netten Zeichnungen wie für Andersens Märchen zu machen".

Für Bonnier fertigte er auch die Illustrationen für ‚Ausgewählte Erzählungen' von Lea, zweite Serie, 1888, an. Norstedts bat ihn, eine Luxusausgabe von Herman Sätherbergs ‚Blumenkönig' auszuschmücken. Für Fritzes machte er die Titel- und Randverzierung für eine Ausgabe von Wallins ‚Todesengel', 1880.

Es war viel Arbeit mit diesen Sachen, die nicht nur anregend waren. Am 16. Juni 1880 schrieb er an Albert Bonnier: „Anbei 5 Zeichnungen. Ich hätte alle abgeben können (es fehlen nur 6), wenn ich nicht krank geworden wäre. Nun habe ich vom vielen Sitzen nervöses Herzklopfen bekommen, und der Arzt hat mir Müßiggang und Vergnügen verordnet."

Während er diese Kur macht, bleibt ihm nicht viel Zeit für die Malerei übrig. Er malt ein unbekanntes Gemälde ‚Der Sohn des Berggeistes', beginnt mit der Arbeit an der ‚Tochter der Hexe' und arbeitet wahrscheinlich an einem Teil des 1878 verlegten ‚Mittelalterlichen Gauklers'.

Im Frühjahr wird das Dahlgrensche Stipendium wieder frei. Er versucht von neuem, es zu bekommen, erhält aber nur eine Stimme; Axel Kulle bekommt es. Es lohnt sich nicht mehr, in der Nähe der Akademie zu bleiben. Er beschließt, nochmals aufzubrechen. Am 25. November reist er mit Josephson nach Paris.

Der Blaue Hahn, aus ‚Ausgewählte Erzählungen' von Lea, 1880

Der Staatsgefangene. Aus „Erzählungen des Wundarztes", Teil I, von Zacharias Topelius, 1883.

Illustrationen aus dem ‚Todesengel' von J.O. Wallin, 1880

Wieder in Paris

Am 9. Januar 1881 schreibt er an Albert Bonnier: „Gerade eben habe ich ein Telegramm mit der Bitte um weitere 100 Kronen abgeschickt. Die Sache ist die, daß die Miete am fünfzehnten dieses Monats bezahlt werden muß und daß nicht ein Sou vorhanden ist. Ich habe mehr als 2000 Franc innerhalb von eineinhalb Monaten ausgegeben, aber die Sache liegt so, daß alle meine Sachen von meinem ersten Parisaufenthalt, die noch vorhanden sind, als Pfand für die Schulden meines Nachmieters (einem Norweger) des Ateliers hinterlegt sind. Somit war ich gezwungen, neue Möbel zu kaufen, eine Unmenge von Teppichen, Malutensilien, sowie alles, was zu einem wohlgeordneten Haushalt gehört, wo ich doch billig leben und ‚zu Hause essen‘ wollte. In der Zwischenzeit bin ich nicht müßig gewesen und habe ‚Die Abendmahlskinder‘ von Tegnér für Norstedt und Söhne illustriert; und wäre ich sicher, daß diese sogleich das Geld schicken würden, so hätte ich es nicht nötig, mich an Herrn Bonnier zu wenden. Aber ich mache das so zuversichtlich, weil ich so oft den Beweis des Wohlwollens von Herrn Bonnier erfahren habe. Den ‚Wundarzt‘ habe ich in Arbeit und hoffe, daß ich innerhalb eines Monats die Illustrationen für den zweiten Teil abschicken kann.

Übrigens in diesem Zusammenhang hat mich eine kleine Schwedin besucht, die hier in einem xylographischen Atelier arbeitet; sie wollte hören, ob ich ihr irgendeine Arbeit beschaffen könne, und sie legte mir Proben ihres (xylographischen!) Könnens vor, die sehr gut waren. Sollte Herr Bonnier ihr die Gravuren der Illustrationen anvertrauen, so glaube ich, daß sie ihr Bestes geben würde, und es hätte den Vorteil, daß ich die Arbeit überwachen könnte.“ (Diese Schwedin war Tekla Lindeström, die später mit Karl Nordström verheiratet war). „... Meine Adresse lautet: Rue Lepic 53. Das ist ein Idyll; ein Atelier mit der Beleuchtung für einen Fotografen und für einen Rembrandt, vier Räume und unzählige Kammern auf zwei Stockwerke verteilt, geheimnisvolle Treppen, ein eigener Hof, zwei Gärten, eine Hundehütte und eine herrliche Aussicht über die Weltstadt. Im Sommer ist meine Wohnung etwas ganz Beneidenswertes. Um etwas Leben in mein Domizil zu bringen, habe ich mir ein Mädchen und einen Hund zugelegt; der Hund ist seiner Wege gegangen, aber das Mädchen ist weiterhin hier – üblicherweise ist es umgekehrt.“

Der Mittelalterliche Gaukler

„Da malte ich ein dummes und schlechtes Bild, das ich den ‚Mittelalterlichen Gaukler‘ nannte, einen Jungen mit einer Meerkatze (Hexe) auf der Schulter – ‚Den hätten sie wohl genommen‘, sagte indessen Joseph tröstend, als er ihn sah. Meine in Stockholm gemalte ‚Tochter der Hexe‘ war nämlich soeben vom ‚Salon‘ abgelehnt worden. Die Tochter der Hexe war in Wirklichkeit ein kleiner Junge, den ich dort am Roslagstorg von der Straße aufgelesen und zu meinem Bediensteten und Laufjungen gemacht

hatte. Das war gut so, und er wurde von meinen Freunden ‚Jäger‘ genannt. Er hatte als kleiner Junge mit einer Dynamitpatrone gespielt, durch die er ein Auge verlor, am anderen verletzt wurde und die ihm mehrere Finger abriß.

Er war ein wirklicher Strolch. Aus irgendeinem Grund gab ich ihm eine Ohrfeige, die er sich zu Herzen nahm, und dann las ich ihm den Katechismus, damit er ‚vorwärtskomme‘, was mich in seinen Augen zu einem höheren Wesen machte. Sein eines halbes Auge glänzte selig, als ich ihn dingte. Er mußte mir beim morgendlichen Bad helfen, mir Kaffee kochen und mein Frühstück bereiten und zu den Zeitungen und Verlegern gehen, um meine Druckstöcke dorthin zu bringen und die Rechnungen kassieren. Wenn ich am Abend irgendein Fest hatte, mußte er aufpassen. Für alle diese Arbeiten bekam er einen gewissen Lohn, die Krumen, die von des reichen Mannes Tische fielen. Gelegentlich brauchte er eine Tracht Prügel, wurde aber schließlich ein wohlerzogener Junge.

Er hatte für dieses hybridische Bild Modell gesessen. Als ich das Ablehnungsschreiben bekam – ich war da bereits in Paris –,

Der mittelalterliche Gaukler, Ölgemälde, 1881

Aber dieses Glücksgefühl steht auf wackligem Boden. In den Jahren, die vergangen waren, nachdem er die Akademie verlassen und sich als freier Künstler niedergelassen hatte, war die Freiheit arg beschnitten gewesen, und diese Tatsache und andere Erlebnisse geben viel Anlaß zur Schwarzseherei. Der Tod Vilhelmina Holmgrens, wirtschaftliche Sorgen, fehlende Unterstützung von der Akademie sowohl in der Frage der Stipendien wie der künstlerischen Ermunterung, Fronarbeit mit den Illustrationen, wenig Gelegenheit zur Malerei und das sich daraus ergebende Unvermögen, große Pläne zu verfolgen, schließlich auch die Arbeit an dem ‚Todesengel', alles das zusammen brachten es mit sich, daß er der Redensart beipflichten konnte, daß gerade dieses Jahr der Höhepunkt der Verzagtheit auf allen Gebieten war. Bereits im März äußerte er sich dazu in einem Brief an Scholander:

Resignation, die letzte Religion

„ ‚Résignation, c'est la dernière religion', so sagt in einer ihrer Gedichte eine der bösesten Pessimisten, Mme. Ackermann. Dorthin bin ich jetzt – glücklicher- oder unglücklicherweise gekommen ... Über mich selbst habe ich keine größeren Sachen zu berichten außer, daß ich mich durchgebissen habe, d.h. anspruchslos mein tägliches Brot mit kleinen Dingen verdient habe, und sobald die großen Gedanken, die kühnen Träume selbständiger Schöpfungen u.ä. herauszubrechen beginnen, da kaue man Knäckebrot und versuche, sich für Tapetenornamente zu interessieren, bis sich der Magen beruhigt und alles seinen natürlichen ‚Ausgang' gefunden hat. Aber Jammern ist eines Mannes unwürdig – und dahin bin ich nun endlich gekommen, weil ich das Selbstgefühl eines Mannes habe. Ja, ich bin geradezu hochmütig. Aber Herr Gott – ‚geheiligt sei Sein Name' – inmitten meiner Frechheit krieche ich wie eine Schnecke, die man berührt, in mein Gehäuse zurück, wenn ich an die armen Eltern denke, die ich habe. Ach, das ist ein Elend! Ich suche mich in der Vorstellung zu wiegen, daß ich ihnen nichts schuldig bin, da sie nichts für mich getan haben – im Gegenteil, sie waren die ersten, die mir ihren Unwillen zeigten und meine unschuldige kleine Kinderseele verhärteten. Aber dann kommen die Furien und sagen, daß es für sie ist und nicht für mich, daß ich arbeite. So kriecht der Egoist vorwärts – er kriecht, weil er ein Tier ist – und antwortet schüchtern, daß es nicht für ihn selbst ist, sein guter, innig geliebter Freund C. L. arbeitet für alle. Da lachen die Furien hohnvoll – das ist alt und erhält die altmodischen Vorstellungen von Pflicht und Gewissen. Lieber Onkel, verzeiht, daß ich Euch meinen Familienkummer mitteile – was berührt das einen Onkel – aber ich will nur meinen Seelenzustand beschreiben, weil ich finde, daß ich ein interessantes ‚Präparat' bin. Lasset uns fortsetzen! Letzte Nacht träumte ich, daß beide tot seien, ich stand an meiner Mutter Grab und dachte so klar: Carl, mein Junge, du bist immer ein schlechter Sohn gewesen. Aber dieses Gefühl währte nicht lange, ich erwachte mit dem Aufschrei Tant mieux! und trotzig richtete ich mich im Bett mit geballten Fäusten und gesträubtem Haar und dem Gefühl auf, daß ich nun rücksichtslos das frohe Leben eines

fand ich das ungerecht, besonders, da ein jeder der anderen Skandinavier, die ihre Arbeiten eingesandt hatten, angenommen worden war, aber es war gleichwohl gerecht, weil sowohl ich als auch das Bild schlecht waren ... Aber die Schande nagte an mir. Ich weinte und fluchte insgeheim, nahm aber an den Siegesfesten der Kameraden bald an der Ecke, bald bei ‚Ledoyen', dem üblichen Treffpunkt der Künstler, wenn sie die Eröffnung des Salons feierten, teil."

Am 23. Februar 1881 schreibt er erneut an Albert Bonnier: „Nun beginnt mein Dasein freundlicher auszusehen. Seit einer Woche arbeiten die Spengler und Verputzer an meiner schadhaften Atelierdecke, so daß es nicht mehr hineinregnet und mich an der Ausführung meiner Kunst hindert. In den Gärten gibt es bereits ‚Tausendschön' zu pflücken, und an den Büschen und dem Aprikosenbaum sprießen die Knospen. Alles sieht so herrlich aus, daß ich mich, wenn man von einigen unangenehmen Besuchen am Morgen absieht (Ursus), niemals zuvor in meinem überschatteten Leben so frei und glücklich, stark und froh gefühlt habe."

Herrn führen könne, ich wollte nur den sehen, der mir Gnadenge-schenke anbot, ich wollte der Menschlichkeit, dieser vielköpfigen Hydra, die Zunge herausstrecken, ich wollte hassen und mich selbst zum Narren machen, alle, und alles ... So kam ich endlich zu Bewußtsein und schrumpfte zu meinem früheren resignierten Dasein zusammen, habe bereits einige Buchumschläge gezeichnet und sitze jetzt in meiner Bude, setze den Onkel mit Albernheiten in Erstaunen und reibe mich auf. Das währt nicht lange, dann fangen die Füße an, kalt zu werden, es juckt im Kopf und das ist das Zeichen, daß ich anfange, schläfrig zu werden.

So ist das!

Aber ich fange wieder an, böse zu werden, stelle mich breitbeinig gegen das Bewußtsein um das Dasein und brülle: Worum, zum Teufel, geht es?

Résignation, c'est la dernière religion!"

Die Elchjagd aus Teil II der ‚Erzählungen des Wundarztes‘ von Zacharias Topelius, 1883

An Albert Bonnier schreibt er am 6. April: „... Herr Bonnier kann sich nicht vorstellen, wie ich in der kurzen Zeit gearbeitet habe. In viereinhalb Monaten habe ich ein Bild für den ‚Salon‘ und 2 für die Ausstellung in Göteborg gemalt, 4 kleinere Bilder für Stockholm, außerdem habe ich die ‚Abendmahlskinder‘, 23 Märchen von Wendla Hebbe und den zweiten Teil des „Wundarz-tes“ illustriert. Das ist doch wohl beachtlich, aber meine Freunde sehen mich nur einmal in vierzehn Tagen. Ich versorge mich nämlich zu Hause. Am Tage male ich und am Abend zeichne ich."

Unter den Arbeiten, die er nach Hause schickt, befinden sich die Aquarelle ‚Freude der Eltern‘, ‚Un incroyable‘ und die Ölgemälde ‚Résignation‘, die Rudolf Wall kauft und ‚Rotkäpp-chen‘, das an Richard Gustafsson verkauft wird. Dieser schlägt ihm vor, nach Hause zu kommen und Teilhaber einer Zeitung zu werden, entweder von ‚Kasper‘ oder einer anderen. Aber C. L. schlägt das Angebot aus.

Am 5. Mai schreibt er an Albert Bonnier: „... Nun rüste ich mich für die Reise. Nach der Ablehnung meines Bildes (Die Tochter der Hexe) durch den Salon muß ich meine Gefühle in dem immer geliebten Stockholm zur Ruhe kommen lassen, um nach einer Ruhepause von einem Monat hierher zurückzukommen, um an einem Revanchebild zu arbeiten, das ich bereits begonnen habe. Da ich bis jetzt noch nicht als ‚Maler‘ aufgetreten bin, stört die Ablehnung mich nicht weiter, im Gegenteil, ich bin dem Preisgericht des Salons dankbar, das mir einen heilsamen Rüffel für meine bizarren Ideen erteilt hat. Nach den Beteuerungen meiner Freunde war es nur das Thema, das der Grund der Ablehnung war. In Wut schenkte ich das ‚Kunstwerk‘ meinem Farbenhändler, der mir in grenzenloser Dankbarkeit uneinge-schränkt Kredit für all das versprach, was für das Revanchebild gebraucht wird ... Meine späteren Zeichnungen für den „Wund-arzt" haben das einstimmige Lob meiner Freunde erhalten, ich bin besonders in letzter Zeit ein tüchtiger Zeichner von Pferden geworden, deshalb spuken solche Viecher überall im 2. und auch im 3. Teil herum."

Das schwedische Volk an Wochen- und Feiertagen

Aber nun steht eine neue Arbeit an – die Illustration von Strindbergs ‚Das schwedische Volk‘. Am 17. Februar schreibt C. L. aus Paris an Strindberg: „Verzeih, daß ich Dir nicht umgehend geantwortet habe, aber ich konnte nicht – und kann auch jetzt nicht – Dir Deine Frage beantworten, ob ich die Illustrationen für Dein zukünftiges Werk hier in Paris oder in Deiner Nähe ausführen werde. Jedoch können wir uns später über diesen Fall klar werden, und in der Zwischenzeit kannst Du mir ja solche Sachen geben, die ich ohne Einschränkung und Schwierigkeit für Dich hier machen kann. Sicher ist, daß ich das, was Du und der Verleger mir vorschlagen, keinem anderen gönne. Auf jeden Fall könnten wir einen Monat im heißen Sommer zusammen sein; besonders verlockend erscheinen mir Studien und Reisen in Dänemark und Deutschland (Lübeck). Aber wie ein Literatur- und Antiken-Akademiezeichner unter Deinen Augen zu arbeiten, da habe ich Angst, daß es nicht vorteilhaft ist und für mich

Zwei Zeichnungen aus August Strindbergs ‚Das schwedische Volk an Wochen- und Feiertagen', 1882. Links Der Waldmann, rechts Die Wasserprobe der Hexe.

unangenehm wäre; denn, stell Dir selbst vor, wie man sich fühlt, wenn eine höhere Autorität jeden Tag Deine Arbeit kritisiert – blattweise – je nachdem, wie sie fortschreitet.

Wie gesagt, kannst Du mich in der Zwischenzeit das hier machen lassen, was hier gemacht werden kann, und Du darfst davon überzeugt sein, daß ich mein Bestes tun werde.

Die Tatsache, daß ich gerne den Sommer über in Paris bleiben will, ist so erklärlich, daß ich mir mein Atelier besonders für diese Jahreszeit gemietet habe. Denn diese Bude, die in der kalten Jahreszeit gräßlich ist, ist in der warmen ein Idyll. Stelle Dir den Garten mit Aprikosenbäumen (eigentlich nur einem), Weinranken, Fliederbüschen, allerlei Blumen und Salat, sowie einer kleinen stilvollen Saufecke vor, in der die Herren Skandinavier die herrlichste Aussicht über Paris genießen und unangefochten auf die Vorbeigehenden spucken können. ‚Das Domizil' liegt auf der Höhe der Butte Montmartre, und unterhalb davon verläuft eine Avenue, wo sich alle Liebenden von Montmartre zu versammeln scheinen und einander liebkosen und turteln und mir wieder und wieder die Verlegenheitsröte in meine Wangen treiben.

Ein kleiner Musterhaushalt

Als alles um mich herum so voller Liebe war, nahm ich ein Mädchen zu mir und gründete einen kleinen Musterhaushalt. Du kannst Dir vorstellen, daß ich mir viel vom Sommer versprach. Wenn ich dazu den Reiz zähle, ein Modell unter freiem Himmel zu malen, kannst Du als Naturliebhaber verstehen, wie glücklich ich bin.

Herzlichen Dank für Dein Versprechen, mir Dein ‚I Vårbrytningen' zu schicken. Bevor ich abreiste, kaufte ich das erste Heft – das einzige, das bis zu dem Zeitpunkt erschienen war – und das ist so zerlesen, zerschlissen und so häufig ausgeliehen worden, daß es anständigerweise nicht mit den übrigen Heften, die ich mir von meinem Buchhändler in Stockholm beschafft habe, eingebunden werden kann. Diese können dann alle auf dem Altar Deiner Ehre und Berühmtheit geopfert werden und als Ersatz erhalte ich ein schön eingebundenes Exemplar.

Jubel!"

Aber er reist trotz allem nach Hause und erreicht am 27. Mai Stockholm.

Motiv von Barbizon, Aquarell, 1881.

Den Sommer verbringt er mit Strindberg draußen auf Kymmendö. Ein reges Gesellschaftsleben und die Arbeit am ‚Schwedischen Volk‘ lassen ihm wenig Zeit zum Malen.

‚Das schwedische Volk‘ kommt am 20. September heraus. Die Abreise nach Frankreich erfolgt sofort danach. Die neue Adresse lautet Avenue des Tilleuls, 6. Stock.

Nach und nach schickt er die Zeichnungen für das ‚Schwedische Volk‘ an den bewunderten Strindberg: „Du bist ein Muster von allem, was groß und bewundernswert ist: Arbeitsam trotz der Genialität: Kolossal! Alle Hochachtung! Nach allem Kummer und aller Arbeit kommst Du mit ‚Lyckopers Reise‘. Viel Glück, lieber Junge! Gabrielle grüßt den jungen Autor!"

Einladung zu Greta Strindbergs Taufe auf Kymmendö 1881.

Federzeichnungen von dem Sommer mit Strindberg auf Kymmendö, 1881. Oben Carl Larsson, links Anton Stuxberg, der Zoologe, der bei Nordenskiölds Vega-Reise dabei war. Unten: „Das schreckliche und gräßliche Geschehen mit August Strindberg, den der Teufel selbst holte …" Königliche Bibliothek.

Frauentypen aus dem 18. Jahrhundert. Aus Strindbergs ‚Das schwedische Volk an Wochen- und Feiertagen‘, 1882

30. Juli: „Den Auftrag, den Du mir gegeben hast, nämlich ‚Die Frau' in verschiedenen Zeiten und Situationen zu malen, konnte ich nicht ausführen, Du mußt Dich damit begnügen, sie so zu bekommen, wie sie im 18. Jahrhundert war: da liegt sie im Bettchen, ist Schulmädchen (1793), Dienstmädchen, Dame und Bürgerin; in der Mitte posiert sie als Leda vor einem Rokokohintergrund.

Ich höre mit Freuden, daß Du Novellen schreibst – ich ahne, daß sie ein großer Erfolg werden, obwohl die Gebieter des Mittelmaßes sich über Dich stürzen werden; aber das muß Dich nicht ängstigen. Je mehr sie toben, desto größer ist Deine Zukunft und nach Deinem Tode wird Dein Standbild in einem schattigen Lustgarten errichtet werden und in Granit wird man darunter in güldener Schrift lesen können: *Epochemacher*.“

Diesem kann man seinen Platz nicht verweigern!

Am Salon nimmt er mit einem neuen, großen Gemälde teil, einem Kostümbild: Chez le peintre du roy.

„Ich war so sicher: diesem *kann* man seinen Platz nicht verweigern! Aber doch, das störte sie überhaupt nicht, wenn ich dieses Jahr der einzige Skandinavier war, der diesen brutalen Brief erhalten hat … Das knickte mich. Ich wurde ernsthaft krank. Aber dazu hatte auch beigetragen, daß ich den ganzen Winter nur von Brot und Käse gelebt hatte, heruntergespült mit dem schrecklichen Wein der Auvergne, der die Därme schrumpfen und sich zusammenziehen läßt … (…) Axel Munthe kam trotz meiner Proteste (ich wollte krepieren) und schrieb Rezepte gegen Malaria aus. Nachdem er gegangen war, lag auf der Tischkante ein Zwanzigfrancstück … Das war ja freundlich von ihm und dient als Beweis, wie heruntergekommen meine Freunde mein Dasein ansahen …“

Zu Beginn des Sommers schreibt er an Strindberg: „Ich bin eine Zeitlang so durch und durch trübsinnig und dazu krank gewesen, oder gerade deswegen. Ich bin vom Salon mit meinem großen Bildwrack abgelehnt worden. Das war nicht sehr lustig, aber vielleicht tut es mir gut; so sagt man immer. Ich hatte den Trost, unter meine skandinavischen Gefährten im Unglück Ekström, Josephson und Runeberg zählen zu können. Mein Bild war gut gemalt – das weiß ich – aber das Motiv war ‚schweinisch‘ nach der Meinung der Franzosen weil dort eine Frau im Hemd und eine Leda, die vom Schwan begattet wird, vorkommt. (…). Ich werde wohl auch bald zum Teufel gehen, aber ich weine nicht um mich – zumindest zeige ich es nicht – ich werde mich umwenden und am Torweg meine Zunge herausstrecken (…).

Grez, der Wendepunkt

Ich wohne jetzt in einem kleinen, idyllischen, französischen Bauerndorf, wo ich ein Bauernbild für den Salon des nächsten Jahres zu malen gedenke – ich gebe nicht nach, wie Du siehst. Ich esse in einer Pension zusammen mit Amerikanern, einem Deutschen, einem Norweger und drei Franzosen. Du kannst Dir nicht vorstellen, welche Poesie über einem solchen kleinen Dorf liegen kann: mitten im Dorf eine alte, alte malerische Kirche mit einem durch und durch guten und stattlichen Pfarrer, die alte Ruine eines Schlosses, in der unsere Königin Blanka und Maria Stuart gewohnt haben, ein hübscher, von Bäumen umrahmter Fluß, ein dichtbelaubter und beinahe undurchdringlicher Wald auf der einen Seite und mollige Saatfelder auf der anderen; hier leben treffliche Esel; fromme, nette Menschen und alle andere Kreatur, die man in unseren Dörfern findet. Die Sonne, die über allem strahlt und es vergoldet, ist ein unendlicher Gewinn. Heute reisen zwei Norweger ab, von denen der eine 900, der andere 700 Franc Schulden hatten! Vive la France!“

Später berichtete er, wie er dort landete.

„Nun kommt der Wendepunkt.

‚Wenn die Not am größten ist, ist die Hilfe am nächsten‘ – In mein Atelier trat Karl Nordström, (…) Er sagte: – Du mußt hinaus auf das Land, zu den Vögeln! Komm mit nach Grez-par-Nemours.

Verbotene Frucht, Aquarell, 1882

Im September schickte er einen Bericht an ‚Palettskrap‘:

„Grez ist ein Idyll! Ein kleines Dorf, das in aller Gemächlichkeit sich an der klaren und munter fließenden Loing ausstreckt. Es ist von Feldern und Wäldern umgeben und hat eine alte, verfallene Ruine mit seufzenden Gespenstern – Rassekühe und eßbares Federvieh – ‚coiffeur‘ – Hochzeiten und Verlobungen und zwei Pensionen.

Dort wohnen wir. Dort hat sich eine Fremdenlegion von amerikanischen und schwedischen Malern gebildet. Da die schwedischen Künstler die amerikanischen mehr und mehr zu verdrängen scheinen, meine ich, daß Grez einen Platz in der schwedischen Kunstgeschichte und in ‚Palettskrap‘ haben müßte.

Zu Nutz und Frommen zukünftiger interessierter Kunstforscher will ich die Freunde nennen, die sich diesen Sommer hier aufhalten:

Emma Löwstädt, Julia Beck und Karin Bergöö, Karl Nordström, Dick Bergh, Cantzler, Kreuger, Th. Lundberg, Johan Tirén und C. L.; außerdem die Sängerinnen Sommelius und Vigert, die Xylographin Tekla Lindeström, die Norweger Krohg, Skredsvig und Lund u. a.

Einer der Höhepunkte unseres Sommeraufenthaltes war ein Kostümball, der auf Vorschlag von Mme. Smith-Hald im Hotel Chevillon veranstaltet wurde. Der kleine Kostümfundus und die dunkle Beleuchtung gaben dem ganzen einen künstlerischen Anstrich und eine geheimnisvolle Stimmung.“

Jetzt kommt Karin

„So geschah das Größte. So kam die allerwichtigste Wendung, jetzt kam Karin!

– ‚Bist du verrückt!‘ antwortete ich, ‚nicht einen Groschen habe ich!‘. – Das ist nicht nötig! In ein paar Monaten wird man Rat wissen.

Ich packte meine losen Kragen und folgte ihm.

Über den Gare de Lyon und den Gare de Bourron kamen wir am Abend in einer auf uns wartenden Chaise nach dem Bauerndorf an der Loing. Das ‚Pensionat Laurent‘ hatte nicht sofort für mich ein Zimmer, sondern ich bekam ein großes Zimmer bei ‚Charrong‘. Aber der Abend mit seiner großen Stille und seinem Schweigen! Und der Morgen danach mit den Sonnenstrahlen, die durch den Hopfen schienen, der das Fenster bedeckte! – Und bei den Eheleuten Laurent das viele Essen, das wie in einem großen Hotel serviert wurde!!“

„Nun fühlte sich Carl Larsson wohl. Wirklich? Nein, ihm war schrecklich schlecht. In den Nächten war es so, als ob eine harte Faust in mein Gedärm griff und es umdrehte. Aber am Tage war ich gleichwohl auf, aß und badete. Damals kam ich zufällig zu Wasserfarben und Papier und malte eigentlich mein erstes Aquarell.

Ich sah wohl, daß es trocken und nüchtern war, schickte es aber doch nach Stockholm, wo man sich darum schlug. Es hieß ‚Die verbotene Frucht‘ und stellte eine alte Bauernfrau dar, die ein kleines Mädchen ertappte, als es seine Schürze mit Kirschen füllte.“

Titelblatt für Palettskrap Nr. 32, die Zeitung der Akademieschüler, 1882

Karin Bergöö auf einem Maskenfest. Tuschzeichnung für Palettskrap Nr. 32, 1882

Verträumt mit ihren großen, runden Kuhaugen, mit ihrer kleinen Kartoffelnase mitten im Gesicht, wie sie gewiß gewöhnlich ist, aber sie wirkte auf eine ganz besondere Art. (…)

Ich war endlich auf richtige Art verliebt. Mit ihr wollte ich die Ehe eingehen, mit ihr ein Heim aufbauen, mit ihr eine Familie gründen. So erbärmlich ich mir selbst vorkam, war das ein halsbrecherischer Gedanke. Aber ich wußte, daß davon mein Leben, meine Kunst abhing.

Krank war ich, hatte kein einziges Paar ganze Hosen, nicht die geringste Ahnung, wie ich aus meinem Elend herauskommen sollte. Ich war häßlich, hatte eine wäßrige Gesichtsfarbe, das Gesicht voller Pickel. Das Haar begann mir bereits auszufallen – und dazu hatte ich zu Hause in Schweden arme Eltern, denen ich schon seit langem half und die mir bald ganz und gar zur Last fallen würden.

Dennoch schob Karin ihren Arm in meinen, ihr kleiner Finger streifte meine Hand und ich rief aus: Wie liebe ich sie!

Das geschah, als wir über die Brücke in Grez gingen; wir kamen vom Nachbardorf, Montcourt, wohin ich – auf Kosten meines Freundes, des Bauern Coquet – alle Pensionsgäste zu Trauben eingeladen hatte. Sie sagte nichts. Aber sie schaute mich an. Mehr brauchte es nicht. Wir schrieben heim und nach einer Woche kam von ihren Eltern die Antwort, die lautete: ‚Wir verlassen uns auf Karins Urteil. Wir glauben, daß sie nur einen rechtschaffenen Mann lieben kann.‘

Da gaben wir uns den ersten Kuß.“

Zum ersten Male sah ich die Natur

Im Jahre darauf schreibt er an Georg Nordensvan: „Nun war es mir wie Schuppen von den Augen gefallen und der Bann war gebrochen. Zum ersten Male sah ich die Natur. Ich warf meine bizarren Ideen auf den Kehricht und meine merkwürdigen Gedankenkombinationen in den See. Da mögen sie liegen. Nein, jetzt habe ich ganz die Natur umarmt, sie möge so einfach sein, wie sie will. Die junge, brünstige Erde wird jetzt das Vorbild für meine Malerei werden.“

„Die Verlobungszeit war doch für mich eine eigenartige Zeit. Die Krankheit steckte ständig in meinem Körper, Magenschmerzen in der Nacht und Schüttelfrost am Tage. Aber ich war trotz allem froh. Ich fühlte mich wie Atlas und forderte alle starken Männer auf, sich mit mir zu messen. Ich tanzte jeden Abend auf unseren Bällen und Karnevalsveranstaltungen und malte mit einem Eifer wie nie zuvor. An demselben Tage, an dem wir uns einig geworden waren, setzte ich mich neben sie und malte die ‚Riesenkürbisse‘, die Pumpen in Laurents Garten, als Aquarell, und sowohl ich wie auch alle anderen fanden in mir einen ganz neuen Menschen und einen anderen Künstler.

Freilich hatte Scholander, mein einziger Freund unter den Professoren, schon vor langem geschrieben: Mach etwas Einfaches! ‚Male eine Studie, ganz einfältig‘. ‚Schrei, fluche und verdamme, aber sei klug‘; aber es war die Liebe zu Karin, die die entscheidende Wende brachte.

Dann brachte diese einfache Sache mir den Durchbruch und war der Anfang einer unzähligen Reihe von Aquarellen (…)“

Karin teilt auch seine Bewunderung für Strindberg: „Meine Verlobte und ich haben bereits ‚Das neue Reich‘ gelesen und wir jubeln gemeinsam. Du bist der tapferste Mensch, den ich kenne! Du gehst wohl umher, gekleidet in ein Panzerhemd? Ich meine, alle Deine Charaktere vor mir zu sehen! Wie man über Dein Buch in allen Kneipen Schwedens – und besonders Stockholms – schwätzen wird, einige dafür und die ganzen elenden Spießer dagegen.

Aber sei getrost, mein Lieber! Du mußt von dem Bewußtsein aufrechterhalten sein, daß Du in unserem alten Lande so Gutes tust und daß Du einstmals geehrt und allgemein anerkannt sein wirst.

Meine kleine Karin ist die klügste und gleichzeitig die feinfühligste Frau in der Welt, und sie nickte mit ihrem kleinen Kopf und sagte: ‚Man muß ihm dankbar sein.‘ Sie ist in ihrer Bewunderung für Dich nicht durch mich beeinflußt worden, denn als sie ‚Meister Olof‘ – als er gerade herausgekommen war – sah, war es für sie klar, daß Du Schwedens größter Schriftsteller bist. (…)

Ich bin grenzenlos glücklich. Ich war nahe daran, verrückt zu werden, bevor sie mir mitteilte, daß sie ‚mir gehören wollte‘, mir, einem kleinen, sonderbaren Geschöpf, das sein ganzes Leben Pessimist gewesen ist und nie lachen konnte. Meine Krankheit und mein Trübsinn interessierten sie; wäre ich gesund und fröhlich gewesen, hätte sie mich nie geliebt. Nun können wir alle beide lachen, und wollen zusammen allen Widrigkeiten mit frechem Hohn trotzen.“

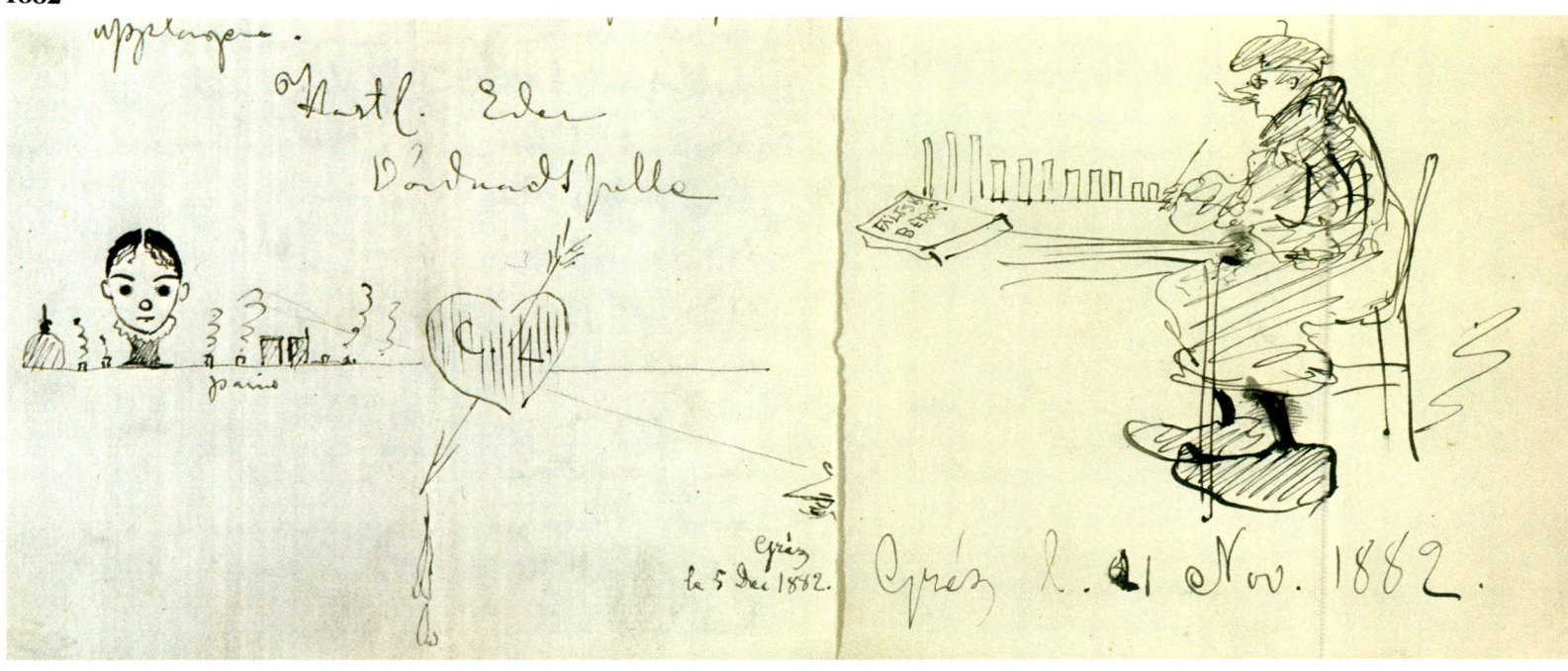

Links: „Meine Seele wohnt in Paris", Rechts: C.L. zeichnet auf Holzdruckstöcken für ‚Die Erzählungen des Wundarztes'.
Zeichnungen in Briefen an Albert Bonnier vom 5. Dezember und 21. November 1882.

Der glückliche Verlobte

Als der Herbst kam, reisten alle nach Paris „und Karin mit ihnen: Sie wohnte zusammen mit Julia Beck und diese beiden waren Schülerinnen des berühmten Alfred Stevens. (. . .) Wie gesagt, alle reisten, nur ich nicht. Es war meine Pflicht, in Stille und Frieden dort zu bleiben, um durch meine Arbeit - Zeichnungen, diese erbärmlichen Zeichnungen für die ‚Erzählungen des Wundarztes' – zumindest schuldenfrei zu werden, bevor ich mich verheiratete."

Am 17. November schrieb er in einem seiner vielen Briefe an seine Verlobte: „Es ist nicht die Hälfte meines Lebens, die ich in Paris zurücklasse, da ich Dich zurücklasse - es ist mein ganzes Leben. Hier draußen bin ich wie ein Automat. Eine Maschine, die am Morgen an- und am Abend wieder abgestellt wird.

Trübsal! Meine geliebte Karin! Wenn ich mit Dir zusammen bin, unterdrücke ich den Ausdruck meiner Gefühle - verberge ihn unter Geplauder, flüchtigen Scherzen und schwachen Worten. Ich wage nicht, das ganze Feuer zu entfachen, weil ich fürchte, daß Du um Hilfe schreist.

Gütiger Gott! Und Du darfst nicht denken, daß ich auf einem Stück Papier alles das schreiben kann, was ich nicht zu sagen wage. – Holdes Mädchen! Ich vergeh vor Freude in Gedanken an Dich, ich denke so freudig an Dich und an alles, was an Dir ist, so freudig. Deine Augen, so wie ich sie zuletzt sah, als Du Dich umwandtest.

Ich sehe sie überall! Ich sehe sie jetzt!"

Und seine zukünftige Schwiegermutter erfreute er mit folgenden Worten: „Ich kann immer noch nicht mein Glück fassen. Ich gehe hier in Grez herum wie im Traum und trällere vor mich hin; ich weiß nicht richtig, wo ich zu Hause bin, denn meine Seele wohnt in Paris und nur mein fahler Körper auf dem Lande. Aber da lebt er gut. Ich bin nun der einzige übriggebliebene Gast im Hotel Beausejour und werde von dem Ehepaar Laurent als dessen Sohn angesehen; als einziger Sohn werde ich natürlich verwöhnt."

Ein paar Tage vor Weihnachten macht er Karin seine Lage klar: „Ich habe das Gefühl in mir, daß sich zu Hause die Wolken zusammenziehen und daß ich von meinem Piedestal als ‚unser junger, genialer etc' - ‚unser (?!) schwedischer Doré' heruntergestoßen werden soll. Die elenden Hyänen des Konservativismus. Aber es besteht keine Gefahr, weil ich ein Wolf unter dem Schafpelz bin. Das ist der Verdacht, den man zu hegen beginnt, obwohl ich bis jetzt wie ein Esel mit den stolzen Rössern der Literatur zusammengespannt war. So scheint es noch eine Zeit anzudauern, weil ich muß. Ich sinke manchmal in mich zusammen, aber nur für eine kurze Zeit. Wenn ich Dich heute an meiner Seite gehabt hätte. Du kleiner, holder Engel. Mir ist so trübselig zumute gewesen, so trübselig. Doch ist es so idiotisch, sich das so sehr zu Herzen zu nehmen, solange Gesundheit und Kraft von dem Erdklumpen abhängen, den wir den Körper nennen. Aber ich würde so gerne meinen armen Kopf in Deinen Schoß legen. In gewissen Augenblicken ist er so schwer, leer und melancholisch. Aber auf, mein Freund! Blase in die Trompeten, so daß es in den Ohren dröhnt. Setze den Helm auf und lege Panzer an! Kämpfe prahlend und fluchend, bis der Tod dich ereilt - aber sei niemals schwach. Balle die Faust gegen ein widriges Geschick, stelle dich breitbeinig und fest gegen den Orkan und rufe trotzig: Ich bin nicht mit einer Siegerpose geboren, werde aber mit einer solchen sterben."

Gleichzeitig gibt er eine Erwiderung auf eine Kritik eines Außenstehenden an seiner Themenwahl.

„Aber glauben Sie nicht, daß ich ein gleichgültiger Sklave bin, wenn ich auch ein buntes Gewand in frohen Farben trage und eine lachende Maske aufgesetzt habe. - Wenn Sie mein Leben und meinen tapferen Streit ums Dasein kennen würden, so würden Sie

Pumpen, Aquarell, signiert Oktober 1882, vollendet 1883.
Konstmuseum Göteborg.

Tages Ansehen als ein guter Maler zu schaffen wissen." Er hatte sich vorgenommen, „ein paar Aquarelle und ein Ölgemälde fertigzumalen, die ich im letzten Sommer begonnen hatte, und da das Wetter in den letzten 14 Tagen sommerlich gewesen ist, habe ich draußen arbeiten können." Das Ölgemälde nennt er ‚A la campagne‘ und die Aquarelle ‚Pumpen‘ und ‚Rauhreif‘, die später für die Frühjahrsausstellung des Salons angenommen werden. „Sie wurden sofort zum ‚Erfolg‘. Ich traf dort eine lebhafte Schar junger Menschen aus allen Nationen, unter anderen Max Klinger, dem ich von dem Norweger Krohg vorgestellt wurde, dem lieben alten Christian, der unter meinen Pensionsfreunden in Grez gewesen war. Als ich einige Tage später über meinen Druckstöcken bei Laurent saß, bekam ich zunächst ein Telegramm von Joseph, dann von Hellqvist, dann von fast allen übrigen Freunden in Paris: Dritte Medaille, hurra! Ich stürzte hinaus in die Küche, umarmte den alten Laurent und küßte seine Bartstoppeln und bestellte ein großes Fest mit Champagner für die ganze Gesellschaft ... Birger schickte sofort ein Telegramm an Pontus Fürstenberg, damit er die Aquarelle kaufte, was er auch umgehend tat" - für 1000 Kronen das Stück.

Briefe eines Verlobten

Aus den Briefen an Karin –

Januargedanken: „Ich habe mich die letzten Jahre nicht viel um meinen inneren Menschen gekümmert, weil ich nicht glaubte, daß es zu irgend etwas führte und ich nur für mich selbst verantwortlich war, aber jetzt, nachdem Du Deinen lieben kleinen Kopf vertrauensvoll an meine Brust gelegt hast, seit der Zeit, Geliebte, mache ich täglich die gefährlichsten Entdeckungen in meinem Innern. Es ist ein Augiasstall, der seit sieben Tagen nicht gereinigt wurde. Wenn ich mich mit Dir vergleiche, wird mir erst richtig klar: Du bist so rein, gut, klug und natürlich edel. Vielleicht und vermutlich hast Du auch Deine ‚weniger guten Seiten‘, aber für mich stehst Du bislang vollendet da, Du kleiner Kobold."

8. Januar: „Aber aufrichtig gesagt, ist es hier ziemlich trübsinnig. Außerdem sitze ich in der Patsche durch das elende Familienjournal, das sich nicht um meine Zeichnungen kümmert. Ich habe den Verdacht, daß die Zeitschrift in den letzten Zügen liegt. Außerdem habe ich andere Enttäuschungen wirtschaftlicher Art gehabt, die mich alle wütend machen. - Ich weiß nicht, wie es zu Hause in unserem lieben Schweden aussieht, aber es hört sich nicht sehr aufmunternd für mich und meinen Beruf an. Ich beginne nachdrücklich nachzudenken, ob ich nicht nach Hause fahren und mit den Landsleuten vernünftig reden soll. Qui vivra, verra. Was hälts Du davon, wenn wir zu Hause heiraten, uns eine Bauernhütte in der Nähe von Stockholm mieten, einen praktischen Menschen mit uns nehmen würden und Bauern und Fichtenreisigzweige malten, so daß uns auf lange Sicht ein patriotischer Gestank umhüllt. Da das elende Schicksal es nun einmal so will, daß wir als Schweden geboren wurden, müssen wir an das gute Sprichwort denken: besser der erste in Vimmerby als der zweite in Stockholm, d.h.: besser, ein wenig in Schweden gesehen zu werden, als in der

wissen, daß ich nicht auf dem Punkt stehenbleibe, auf dem ich einmal stehe. Aber es ist nicht, wie Sie es vorschlagen, mein Ziel, teure Bilder in einem großen Land zu malen. Nein, ich habe zwei Eigenschaften; ich bin schwedisch und - oh Entsetzen - Sozialist. Ich will nützlich sein und Freude bereiten, aber nicht einem, sondern allen."

Mit meiner Hartnäckigkeit

Im März schreibt C.L. an Albert Bonnier, daß er sich „mit etwas Malen erholen muß. Es geht gewißlich langsam voran, wenn man wie ich Pinsel und Farbe nur einen Monat im Jahre zur Hand nimmt, aber mit meiner Hartnäckigkeit werde ich mir doch eines

Menge im Ausland zu verschwinden. Male weiter, Du mein kleiner Liebling, bei Stevens, so daß ich nachher von Deiner Kunst profitieren kann. So machen wir von Zeit zu Zeit eine Reise hierhin oder dorthin, so wie das Geld reicht. Vive laviebohémienne. D.h. bis zu einem gewissen Grad, ich habe ein solches Räuberleben geführt, daß ich anfange, dessen müde zu werden. Aber, wie gesagt, ich beginne eine gewisse Sehnsucht nach den schwedischen Schären zu verspüren. Du magst glauben, daß die Bauern und Fischer auf Kymmendö jubeln werden. So werden sie mit uns lossegeln, wir nehmen Eßwaren in einem Korb mit uns – unser kleines Essen bereiten wir uns auf einer Schäre zu. Sollen wir uns mit Strix zusammentun? Wie die Zukunft gelegentlich in frohen Farben schimmert."

11. Februar: „- Ja, Karin, die Seelenfurcht dieser Tage nagt an mir und macht mich zum alten Mann. Und doch brauche ich ziemlich wenig, um wiederaufzuleben und dann will ich das ganze All umarmen und meine Seele küßt den strahlenden Saum des Mantels unseres Herrn. Und ich lächle wie ein gutes Kind dem lieben Allvater zu und sage: Dank für das Leben! Ja, Karin, ich bin älter als der älteste Mensch und kindlicher als ein Kind. So ist der gleichzeitig starke und schwache Mann, den Du bekommst."

18. Februar: „Um mir die Zeit bis zum Mittagszug zu vertreiben, ging ich in den Louvre und schaute mir meine Lieblingsbilder an: Die ,Männergestalt' Holbeins, die ,Grablegung' von Ribera, die ,Blumen' von Huysum, die ,Interieurs' von Terborch, die ,Landschaft' von Ruisdael, die ,Porträts' von Velazques, die ,Alte Bürgerfrau' von Hals, van Eycks ,Madonna' und der ,Kniende Mann' usw. usw. Sie sind doch überglücklich. Und ein neuer Tiepolo! Das heitert die Stimmung doch bedeutend auf."

25. Februar: „Nun habe ich den Bauernhof fertig gemalt, mit Hühnern, Enten, Tauben und – mit Mutter Catharine! Ein sehr, sehr schönes Bild! Natürlich erfolgreich wie üblich. Ich habe Joseph gebeten, mir einen Rahmen zu bestellen. – Du kannst Dir nicht vorstellen, wie ich hier draußen die schönen Tage genieße; ich räkele mich im Sonnenschein auf dem Rasen, wo ich meinen Kaffee genieße und meine Zigaretten rauche. Vater Pampan nimmt die Weinstöcke in Augenschein, sein kleines, molliges Pferd rollt zusammen mit mir, der alte Laurent fischt Brassen aus dem Fluß und die alte Laurent und Marie pflücken Löwenzahnsalat, wozu sie gellend ihre ewigen Liebeslieder singen. Auf dem anderen Ufer sieht man zwei Sonnenschirme, die Penny (?) und Withead Schatten spenden.

Wenn ich Dich nur hier hätte!

Wenn ich Dich nur hier hätte! Ja, es ist notwendig, daß wir bald heiraten."

20. März: „Aber niemals bin ich so (wenig) resigniert gewesen wie jetzt, niemals hat mein Blut so kräftig pulsiert, nie ist meine Entschlossenheit und mein Vertrauen in die Zukunft so stark gewesen wie jetzt. Sei stark, mein Mädchen! Die Welt gehört den Starken – die Schwachen vergehen. Erinnere Dich daran, und halte

,A la campagne'. Tuschzeichnung, 1883

„Karin, Karin!" Zeichnung aus einem Brief an Karin.

14. Februar: „Dank für unsere letzte Begegnung! Ich sehe nur ein Paar strahlende Augen, wohin ich sehe. Weißt Du, ich kann mir nicht vorstellen, daß sich jemals zwei Menschen so unbändig inniglich wie wir geliebt haben." Die Zeichnung, wie auch die Zeichnung unten, stammt aus einem Brief an Karin 1883.

Deinen Kopf hoch und die Ohren steif. Ach, unser Herr ist mir eine ganze Menge schuldig; ich gedenke, ihm eine Rechnung zu schreiben - er muß wohl bezahlen können!"

26. März: „. . . bei mir muß sich ‚der Knoten gelöst haben', weil ich alles, alles, alles mit anderen Augen sehe.

Hast Du das eine Märchen von Andersen gelesen, das von einigen Teufeln handelt, die einen Spiegel gemacht hatten, der die Eigenschaft hatte, daß alles, was sich in ihm spiegelte, gräßlich entstellt wurde. Eines Tages schafften sie ihn in den Himmel, um sich daran zu weiden, wie die Gesichtszüge Gottvaters entstellt und lächerlich gemacht wurden. Aber der erste Strahl der Herrlichkeit des Allvaters zersplitterte den Narrenspiegel in Milliarden kleine Stücke - so klein, so klein wie das unbemerkbarste Korn. Alle diese Glassplitter fielen zur Erde hernieder und gerieten in die Augen einer ganzen Menge von Menschen, denen nach diesem Märchen alles im falschen Licht und unwahr erscheint. - Ich bin sicher einer von ihnen, weil ich bisher alles schief gesehen habe. Du geliebtes Herzensmädel hast sie weggefegt. Es war in einer Nacht in meiner Zeit der Hoffnungslosigkeit, als ich ein paar Tränen vergoß - und da kamen alle Glassplitter mit. Gott segne das Mädchen!"

30. März: „Du Liebste, hier beginnt es jetzt schön und heiter zu werden: Da ich wie ein Pferd den ganzen Winter geschuftet habe, wäre ich dumm, wenn ich jetzt aufbräche, da die Sonne scheint und wärmt und die Vögel singen. Laurent hat einen guten Gärtner angestellt, mit dem ich mich sehr befreundet habe; sobald ich einen Druckstock gezeichnet habe, grabe ich einige Spatenstiche, um mir Bewegung zu verschaffen. Ich habe Angst, daß wir den Garten allzufein machen. Der Gärtner hat so schrecklich viele Blumen- und Rabattenvorstellungen; ich versuche, seinen Eifer zu dämpfen - aber das ist unmöglich.

Wie ich die Erde liebe! - Unsere ‚Mutter Erde' - und folglich das erdverbundene Geschlecht; ‚von Erde bist du gekommen usw.' also muß man rechtzeitig lernen, sie mit Leidenschaft zu lieben, damit sie zu gegebener Zeit durch Ruhe und Frieden die ihr gezollte Hochachtung zurückgibt.

Glaubst Du nicht, daß die Erde eine Seele hat - eine große, träumende, unbewußte Seele? Ich bin ein geborener Pantheist. Wie wir zwei die Natur zusammen lieben werden! Und die Natur belohnt die Liebe der Menschen ihr gegenüber: sie schenkt ihnen Gesundheit und verlängert ihr Leben. Wir werden unsere Lungen sperrangelweit öffnen, wir werden das Wasser unserer Poren offen und rein halten lassen, wir werden uns im Grase rollen und uns an diesem starken Brodem berauschen. Sag, Mädel! Ah, wir werden ein gesundes Naturleben leben und stark und glücklich werden."

Fürstenberg kauft Larssons Aquarelle vom Salon

Die Hochzeit

„Für das Geld kaufte ich mir eine Uhr, und von dem, was übrigblieb, reiste ich (am 2. Juni) nach Hause und heiratete. Die Eheschließung erfolgte (am 12. Juni) in Stockholm in der Adolf Fredriks-Kirche. Dort ist Karin konfirmiert worden, dort ist meine rührige Großmutter treu jeden Sonntag hingegangen, um ihren nötigen Dämpfer zu bekommen, und dort ruhen Seite an Seite,

Rechts oben (S. 55): Parklandschaft,
Aquarellzeichnung, 1883. Nationalmuseum.

Links: Der alte Mann und die Neuan-
pflanzung, Aquarell, 1883, Nationalmuseum.
Unten Mitte: Der Garten in Grez,
Ölskizze, 1883.
Ganz unten: Der Gärtner,
Ölskizze, 1883.

Oben: Die Braut, Aquarell, 1883
Links: Im Küchengarten, Aquarell, 1883, Nationalmuseum.

übrigens neben Sergel, die sterblichen Überreste meines bescheidenen Großvaters, des Amtsmalers, von dem ich nach Meinung aller meine Sehnsucht nach der Malerei geerbt habe.

Ich weinte. Heulte. Aber Karin konnte nicht die feierliche Stimmung beibehalten, als ich eine Anzahl Hemderknöpfe rings um die Altarschranke ausschüttete, die wie Erbsen herunterfielen, als ich in meiner Westentasche nach den Ringen suchte. Ich hatte sie auf dem Wege zur Braut gekauft. Sie waren ein Gelegenheitskauf. ---

Wenn ich mir jetzt auf dem Bild dieses junge, einfältige Mädchen betrachte, begreife ich nicht, wie ich in einem solchen Übermaß verliebt sein konnte. Es ist wohl so zu erklären, daß ich selbst zu jener Zeit jung und dumm war. Sicherlich hatte sie bereits damals eine gewisse Lieblichkeit, und es ist wohl übrigens immer nur 'dem Gefühl nach', daß man sich seinen Lebenskameraden aussucht. Aber wenn ich dieses Mädchen mit der Karin vergleiche, für die ich nun nach nahezu zwanzigjähriger Ehe schwärme, daß ich verrückt werden kann! So ist es. Und das wird Jahr für Jahr schlimmer. --- Ich besinne mich doch dunkel darauf, daß sie süß war. Und wenn ich sie mir in ihrem Brautstaat vorstelle, meine junge Frau, da mitten auf dem Erdenplatz, auf dem ich mich zum ersten Male glücklich fühlte und wo meine Kunstbegabung die ersten frischen Triebe an der bis dahin kümmerlichen Pflanze

Links: Hilda Bergöö, Kohle und Kreide, 1883. Rechts: ‚Spada', Johan Janzon,
Aquarell. Beide im Carl Larssongården, Sundborn.

zeigte, im Laurentschen Garten in Grez-par-Nemours, Depart-
ment Seine & Marne, so versteht ihr wohl. Und dorthin begaben
wir uns sofort nach unserer Hochzeit. Dort war es, wo ich meine
Braut empfing wie in meinem eigenen Reich, wie im Märchen. Die
alten Männer und Frauen des Dorfes standen erwartungsvoll in
den Toren entlang der Dorfstraße und die beiden Künstlerpensio-
nen mit ihren Gästen aus aller Herren Länder gaben ein großes
Fest. Festessen und Tanz, Bowlen und Trinksprüche. Spada sang:
‚Ai, che dolore, ah, mamma mia ---' und ‚der Sarg' (sein englischer
Name war Coffin) röchelte: ‚John Brown's body lays a-mouldering
in the grave ....''

Aber vor unserem Fenster erklang in der Nacht das schwedische Quartett:

‚Vad blixt ur sköldmöns blickar....'
Und auf mir ruhten Karins dunkle, ernste Kuhaugen.''

So glücklich wie ein Mensch nur werden kann

Er überläßt Georg Nordensvan biographische Angaben für
einen Einführungsbericht in einem Weihnachtskalender: ,,Nun
scheint es mir, als ob ich der stärkere sei, und wenn eine Natur wie
ich einmal Fuß gefaßt hat, so bezwingt sie Wälle und Türme. Mein
Kriegsgeschrei wird nicht ausbleiben. (...) Ich habe ja nicht
gemalt, ich werde jetzt damit beginnen. Wenn ich komm, werde
ich wie ein Teufelskerl kommen.'' Und an Bonnier schreibt er:
,,Nun bin ich seit einiger Zeit so glücklich, so harmonisch, wie wohl
irgendeiner es nur sein kann. Gleichzeitig die öffentliche Anerkennung als Maler zu bekommen und an seiner Seite sein
personifiziertes Ideal zu wissen, ist ein doppeltes Glück. Wie wir
uns zusammen wohlfühlen, mein Mädel und ich! Und Grez ist auch
ein Ort, an dem man seine Flitterwochen verbringen muß.''

Am 7. September 1883 schreibt er an Strindberg: ,,Letztlich in
Stockholm hatte ich nicht mehr als vier Tage Zeit, und da gab es
ein fürchterliches Hin und Her wegen der Hochzeit, weswegen ich
keine Zeit hatte, bei Dir draußen auf Kymmendö hineinzuschau-
en, außerdem wagte ich es nicht, denn der Teufel hätte seine Hand
im Spiel haben und einen schrecklichen Sturm entstehen lassen
können, und mich so eine Woche oder mehr draußen festhalten
können. - Der letzte Brief enthielt zwei große Überraschungen -
und alle beide waren angenehm. Kannst Du mich als ‚Medium'
verwenden und ein wenig freundlich über die göttliche - allmächti-
ge und allwissende - Kunstakademie sprechen, so macht mich das
furchtbar glücklich.

Du bist ein allzu guter Menschenkenner, als daß ich mit meiner
Eitelkeit hinter dem Berg halten könnte, die höchst geschmeichelt
ist, weil der beste und verwegenste Verfasser Schwedens über die
Künstlerseele C.L. schreibt, der jetzt seine spitzige Nase über
einige Kollegen erhebt, die bis jetzt die Aussichten für ihn
verdüstert hatten - für den armen Jungen.

Und so wirst Du, wie ein alter Patriarch, Dich in ein anderes
Land begeben und Frau, Kind, Bedienstete, Kamele und Herden
mitnehmen. Und Du wirst über Grez kommen! Huuurraaah!

Hier wirst Du mit offenen Armen von mir und meiner Frau,
Julia Beck, ‚Spada', (Janzon, dem Korrespondenten von Dagbla-

det und einem wahren Bewunderer von Dir), der Graveurin Tekla
Lindeström, dem (finnischen) Bildhauer Ville Vallgren und seiner
(schwedischen) Frau, dem Norweger Skredsvig (dem Maler) und
seiner Frau, den Fräulein Rydberg und Benedicks sowie Herrn
Nyberg (dem Maler und tüchtigen Tenor) empfangen werden.
Außerdem brennen die übrigen Pensionsgäste - Franzosen,
Amerikaner und Engländer - ungeduldig und neugierig darauf,
den ‚l'auteur, le plus populaire de Suède' kennenzulernen.''

Der strahlende Naturalist

In Grez schreibt Strindberg seinen geplanten Einführungsbericht über Carl Larsson, der im Jahre 1884 im Kalender Svea
erscheint. C.L. selbst arbeitet an Zeichnungen für Djurklous
‚Sagen und Abenteuer' und für Erik Böghs ,Wallfahrt der Wahrheit'. Seine neue Verbundenheit mit der Natur und der Wirklichkeit um sich herum verwendet er in seinen Illustrationen. Er
zaubert eine orientalische Landschaft herbei, indem er die sonnen-
durchtränkten Mauern und den Küchengarten in Grez mit dem
Löwentor in Mykene kombiniert, und Strindberg selbst dient als
Modell für den ‚Feind der Lüge' in Böghs Erzählung. Das Sonnen-
licht im Küchengarten regt ihn auch zu einem Aquarell an. Als es
in Stockholm ausgestellt wird, kritisiert Carl Rupert Nyblom die
Wiedergabe der Lichteffekte, aber Nordensvan rühmt es –:
,,Danke, lieber Freund, für Deine Briefkarte, in der Du mich zu
der Darstellung des Sonnenscheins auf meinem Aquarell beglück-
wünschst. Ja, diese paar Zeilen haben Sonne in meine Seele
gebracht. Denn, siehst Du, ich fürchtete sehr, daß man zu Hause in
Schweden meiner Darstellung der französischen Sonne keinen
Glauben schenken und mich deshalb heruntermachen würde; jetzt,
nachdem Du – der Du auch die französische Sonne gesehen hast –
auf meiner Seite bist, bin ich beruhigt, denn ich weiß, Du bist zu
ehrlich, um es nicht öffentlich zu sagen. Das hast Du auch in
begeisterter Weise getan, wofür ich Dir danke!''

Das Nationalmuseum kauft ‚Im Küchengarten' (für 1000

Links und oben: ‚Selbstporträt‘ und ‚Mittagsgesellschaft‘ in Grez Aus dem Kalender Svea, 1884.
Unten: ‚Landschaft‘, rechts ‚Der Feind der Lüge‘ (der Strindbergs Züge trägt), beide aus der ‚Wallfahrt der Wahrheit‘ von Erik Bögh, 1883.

Kronen) und ‚Der alte Mann und die Neuanpflanzung‘ (für 800 Kronen). „Ich habe (...) zu Hause meine Aquarelle an das Museum verkauft, aber das habe ich alles meiner französischen Medaille zu verdanken. Denn so durch und durch ehrlich diese Aquarelle auch sein mögen, wären sie andernfalls doch nicht angekauft worden, glaub mir. Nein, fade Historienbilder und Gartenlaubengenres, sie sind die einzigen, die zu Hause gefragt sind. Kunstverstand gibt es nicht. Der Mumpitz verkauft sich! Sei nicht sauer auf mich wegen meiner Ergüsse, aber ich habe ein paar Seitenhiebe von zu Hause bekommen, die mich zum Zorn reizen.“

In der ‚Verbotenen Frucht‘ 1882 stellt er die menschlichen Lebensalter moralisierend und rührselig in einem stark traditionellen Anekdotenstil nebeneinander. Aber dieser besondere Akzent wird bei den darauf folgenden Aquarellen, die eine neuzeitliche, naturalistische Einschätzung des Lebens unterstreichen, in den Hintergrund gedrängt. Er beschreibt in ihnen, in ‚Pumpen‘, ‚Rauhreif‘, ‚Im Küchengarten‘, ‚Der alte Mann und die Neuanpflanzung‘ den Gang des Lebens, das Wachsen und Vergehen der Natur, die Jugend und das Alter.

Im März hatte Carl Larsson mit Isidor Bonnier vereinbart, Anna Maria Lenngrens ‚Gesammelte Gedichte‘ zu illustrieren und sich verpflichtet, die Arbeit bis zum 1. September fertigzustellen.

Der erste Haushalt

So zog das Ehepaar Larsson nach Paris, wo es Wilhelm Gegerfelts Atelier übernahm: Rue Froment 14 an der Ecke des Boulevard Clichy und gegenüber von l'Ermitage. „Oh, dort war es so, wie es in einem Atelier comme il faut sein sollte: Gobelins und Renaissancemöbel, mit einem Wort, unpersönlich. (...) Karin begann, kochen zu lernen, und die Freunde kamen, um ‚abzuschmecken‘: besonders Nils Forsberg war ein richtiger Meisterkoch, der Knoblauch in den Hammelbug stecken konnte, so wie das gemacht werden mußte. Ich dagegen lebte ganz für die Lenngrenbilder und versäumte es, meinen Erfolg mit den Aquarellen praktisch auszunutzen."

,Das hochvornehme Paar'. Aus den ,Gesammelten Dichtversuchen' von A.M. Lenngren. 1884. Aquarell.

,Unser kleines Haus in Grez' - Aquarellzeichnung aus einem Brief an Albert Bonnier am 27. April 1884.

Die erste Lenngrenillustration ist ,Das hochvornehme Paar', das nach lebenden Modellen gemalt ist, in Gewändern gekleidet, die C.L. von August Hagborg geliehen hat.

An Strindberg, der jetzt in Ouchy in der Schweiz wohnt, schreibt er am 29. Januar: ,,Das freut uns so, daß Ihr Euch da unten - da oben, meine ich - so gut fühlt. Du sitzt wohl wie ein (Königs-)Adler auf den Berggipfeln und betrachtest die Wolken, die jetzt nicht mehr über Dein Haupt hinwegziehen, sondern zu Deinen Füßen liegen. Hielte ich nicht Frau Lenngren in dem Arm, so würden wir - Karin und ich - bestimmt mal schnell bei Euch hereinschauen. Ich habe bis jetzt niemals viel von der Schweiz gehalten, sie ist vielleicht schöner als auf den deutschen Farbdrucken. Der Bonnier ist hier, er hatte uns zu einem schicken Essen und ins Theater eingeladen. Wir sprachen von nichts anderem als von Dir. Er will Romane von Dir haben. Schreibst Du ,Schicksal und Abenteuer'? Deine Vignette ist nach Stockholm abgeschickt worden. Grüße Deine liebe Frau von Karin und mir. Ein tiefes Geheimnis: Wir erwarten ein Kind! Jubel!''

Wieder in Grez

Am 18. März: ,,Nun wohnen wir in Grez, wo ich für ein ganzes Jahr von Frau Chevillon ein kleines Haus (Atelier, Schlaf- und Eßzimmer) gemietet habe.

Hier ist ein glühender Sommer. Wir sind sehr glücklich.''

Am 6. April: ,,Nun sind wir in unsere Wohnung eingezogen und sind wirklich glücklich. Unser kleiner Junge wird in Grez geboren werden. In ein paar Wochen können wir Karins Eltern hier erwarten. Ich werde sie mit offenen Armen empfangen, denn sie sind wirklich liebenswerte Menschen.''

Am 7. Juni 1884: ,,Danke für das Leihen des Nordau. Das Buch geht hier draußen von Hand zu Hand, und wenn es endlich zu Dir zurückkommt, befindet es sich in einem höchst schadhaften Zustand. Ich habe nur die Hälfte der ,verwegenen Seele' gelesen. Dagegen habe ich - d.h. nicht genügend gründlich, aber ich werde sie noch einmal lesen - Deine beiden Hefte ,Gleichheit und Ungleichheit' verschlungen. Du bist doch der Verfasser, den ich am liebsten lese. Ich bin ein elender, sündiger Mensch, der - Gott strafe mich - den Inhalt und das Motiv eines Buches und eines Bildes vergißt und zumeist darauf achtet, wie es gemacht ist. Aber - quand même - habe ich nicht umhin können, bei dem Streit von Deinen und Nordaus Ideen und Behauptungen gefesselt und hingerissen zu sein. Wenn der erste Schrecken vorbei ist, werde ich demütig zu Dir kommen und um Erläuterung einer ganzen Anzahl von Sachen bitten.

Aber sieh mal, mein Lieber, es ist ein Chaos und ein Wirrwarr in meinem alten Künstlerhirn nach diesen letzten Rüffeln, daß ich nicht zwei Gedanken auf einmal fassen kann. Vielen Dank für

Ganz unten: ‚Mein seliger Mann‘ und ‚Meine selige Frau‘. Nach Illustrationen für Lenngrens ‚Dichtversuche‘. Ölgemälde auf Paneel im Speisesaal des Hotel Chevillon, jetzt im Nationalmuseum. 1884.

Hotel Chevillon. Aus dem Kalender Svea, 1884.

Deinen Glückwunsch im Zusammenhang mit dem Ankauf meines Aquarells durch den französischen Staat. Zu dieser Ehre kann ich noch hinzufügen, daß die Akademie der Freien Künstler zu Hause mich zu ihrem Mitglied ernannt hat, aber da die Ehre zu groß war, um würdig von Deinem demütigen Diener Carle Larsson angenommen zu werden, habe ich die Akademie für jetzt und immer gebeten, mich mit derartigen Ehrenerweisungen zu verschonen. Ja, ja, Strindberg, genannt Augustus, ist mir eine schlechte Gesellschaft und ein schlechtes Beispiel gewesen! Aber zum Teufel, wie Du uns arme Pinselklecker quälst! Zola und Konsorten findest Du gut und notwendig, aber Bilder, die dasselbe und genau so gut - ja viel besser (nimm Millet! nimm Cazin! und Pointelin!) in einem Bild oder einem Bildzyklus aussagen, haben keine Berechtigung!?

Ich bleibe Dein Freund auf Gedeih und Verderb, aber malen und zeichnen werde ich, solange ich glaube, daß ich es gut machen kann! verzeihe mir, obwohl Du mich verachtest.

‚C'est plus fort que moi!‘ (d.h. malen und zeichnen.)

Kümmere Dich inzwischen nicht um mich, sondern laß mich nachdenken und gewähre mir ein wenig Ruhe, so würde es mich nicht verwundern, wenn ich auf alles eingehen würde. Heute Abend wird Geijerstam uns laut Deine Geschichte ‚Ude og Hjemme‘ (‚Auswärts und zu Hause‘) vorlesen.“

18. Juni: „Sieh mal, ich habe schon seit langem Dir für Deinen letzten Brief die Hand schütteln wollen. Ach ja, ich verstehe Dich nur zu gut und habe Dich übrigens die ganze Zeit gut verstanden, obwohl ich ein wenig sicherer sein möchte, was Du meinst, damit ich den Malerkollegen hier klar und deutlich Auskunft geben kann; denn sie verfolgen Dein Werk mit glühendem Interesse. Geijerstam zeigte mir gerade Deine Briefkarte an ihn, aus der ich ersah, daß Du Dich ganz und gar absonderst.

Wir verstehen Dich so gut!

(Denk Dir, wie das schön sein wird, nachdem man das Lebenswerk ganz und gar und für immer abgeschlossen hat, sich von den Menschen abzukapseln, die man nicht leiden kann.)

Ja, schreibe nur, mein guter Junge!

Ich werde malen und nachäffen - aber demütig verstehst Du, und mit innerer Liebe.

(Coquelin hat mein zweites Aquarell vom Salon gekauft und außerdem drei weitere bestellt.)

Ich bin gerade heute in der Gemütsstimmung, um Deine Ausführung über das verrottete Schweden zu verstehen! Ich bekam gerade heute von einem Bekannten in Schweden einen Brief, einen solchen richtigen Stockholmer Brief, der nach Syphilis und Punsch stinkt, aber es sich doch herausnimmt, alles Entzücken und allen berechtigten Zorn der ‚jugendlichen‘ Schriftsteller und Maler zu bekritteln und überlegen zu behandeln. Aber ich habe zurückgeschimpft, und das tat mir so gut, daß ich jetzt beginne, in eine gute Abendstimmung zu kommen: in eine hinlänglich gute Gemütsstimmung, um Dir einen warmen Händedruck zu geben und ein innig gemeintes

‚Au revoir!‘ zuzurufen.“

„Nun tanze ich und kann nicht anders!" Zeichnung aus einem Brief vom 20. August 1884 an Albert Bonnier.

Weg, weg mit der Kunstakademie

„... eine ‚clique' schwedischer Künstler (20 an der Zahl) wird eine Ausstellung in Stockholm veranstalten, wo wir eine Schlacht für das Junge und Persönliche in der Kunst schlagen werden. Diese sind Joseph, Birger, Liljefors (bravo!), Salmson, Hasselberg, Lindberg, Bergh, Kreuger, Gegerfelt, Pauli, Nordström, Larsson und Fallstedt, Ekström und Österlind und zwei, die nicht dabei sein sollten, nämlich Erikson und Thegerström. Wahlberg will nicht mitmachen, und Hellquist und Cederström fielen bei der Abstimmung durch. Wir wollen uns Selbstbeschränkung auferlegen, so daß wir Ehre mit der Ausstellung einlegen."

Am Tage darauf, am fünfzehnten Mai, beschließt die Akademie, Carl Larsson zum Mitglied zu berufen. Mit seiner Ablehnung macht er den ersten Schritt in die Opposition. Carl Warburg hält sich zur gleichen Zeit in Paris auf und schließt sich den radikalen Ansichten an. Carl Larsson ermahnt ihn: „Ich fand, das war gut, daß Du in den Pariser Teufelskreis einbezogen wurdest, daß Du mehr und mehr von unserem Streit und Zank verführt wurdest. Du sollst unser Schwert führen! Und gut: mit der Ehre und dem Talent!"

Eine Woche später apostrophiert er wiederum Strindberg als Führer des Aufruhrs. „Im übrigen meine ich, daß es ein schönes Schauspiel ist, Dich mutterseelenallein mitten zwischen den blutlosen Mastviechern zu sehen, wie Du alles niedermetzelst, zerstampfst und niederschmetterst. Schreite voran, Du Auserkorener des Herrn, denn siehe, weit weg am Horizont erscheint die sogenannte ‚lange Reihe' der Bauern und Strolche, die langsam wieder verschwinden, nachdem sie überzeugt worden sind, daß alles zum Teufel ist. Du kannst davon überzeugt sein, daß Calle Larsson schimpfend und fluchend über deren Schneckenmarsch mitmacht!"

An Warburg schreibt er am 21. August: „Du fragst, ob es richtig war, daß ich die Pforten der Kunstakademie für mich verschloß! Das geschah deshalb, weil ich nicht darin sein wollte, wenn die Akademie zusammenbricht, etwas, von dem ich hoffe und glaube, daß es bald geschieht."

Er entwickelt diesen Gedanken ausführlicher in einem weiteren Brief an Warburg am 7. September: „Du magst mir glauben, daß ich eine ganze Menge Dinge während meiner Ausbildungszeit gesehen habe! Wie hart und systematisch man alle originellen und genialen Kunstschüler unterdrückt. Ich habe gesehen - weil sie ihrer Natur nach empfindlich waren -, wie sie einer nach dem anderen nicht mehr bei der Stange blieben. Ach, mein Lieber, ich kann nicht länger über das ganze Elend schreiben, denn sobald ich daran denke, fange ich an, mit Armen und Beinen zu fuchteln.

Ich würde sie gerne mit der geballten Faust erschlagen!

Nein, nichts wie weg mit der ganzen Kunstakademie! Das ist das einzig Natürliche.

Vorbereitende Schulen - (Modell - Anatomie - Perspektive) - sollen sich sofort von selbst in unserem Beruf bilden, außerdem soll das Geld der Akademie zum Ankauf (nicht zur Unterstützung!

das ist demoralisierend und niederdrückend) von Kunstwerken (d.h. von Werken wirklich echter Künstler und nicht der ‚Ölfarbenmaler') verwandt werden."

Das erste Kind wird Modell

So kommt das vielleicht Wichtigste. Am 11. August „schenkte Karin einem – großen und dicken – Mädchen – ‚on n'a jamais vu pareille' – das Leben, das in dem Bürgermeisteramt in der Gegenwart von zwei Zeugen – einem Franzosen und einem Amerikaner (Chadwick) – unter dem Namen Suzanne registriert wird. Es war ein alttestamentarisches Sinnbild der Tugend, und ich schätzte es, – wie es im Grund alle Männer machen. Karin gab keinen einzigen Schrei von sich. Nun bin ich der glücklichste Mensch der Welt! Ich stehe auf dem Kopf und überschlage mich! Aber nun bin ich davon erschöpft und von dem Glück."

„Als Suzanne vier Tage alt war, begann sie ihre erste Karriere als Modell und leitete so die Serie der Bilder meiner Kinder ein,

Julia Beck.

Gustaf af Geijerstam.

Antoinette Valgren.

Mathilda Birger.

Karl Nordström.

Emma Chadwick.

Ville Vallgren.

Ernst Josephson.

Francis Chadwick.

Richard Bergh.

Carl Möller.

Georg Pauli.

Nils Kreuger.

August Strindberg.

Adolf Bergöö.

Hugo Birger.

Carin Arosenius.

Carl Larsson
med Tekla Lindeströms porträtt.

Kolorierte Karikaturen aus einem Album,
das Tekla Lindeström 1884 in Grez geschenkt bekam.

die in der ganzen Welt so bekannt wurden - das kann ich wohl
sagen -, daß man selbst in Japan ihren Namen kennt."

Am 2. September schreibt er an Strindberg: „Zum Teufel mit
der Gesellschaftsordnung, den Bilderausstellungen und den Aka-
demien, ja selbst meine allerbesten Freunde vergesse ich. Von der
Verwandtschaft spreche ich gar nicht, weil sie dann an das Kind
heranwollen und dagegen wehre ich mich.

Nie habe ich meine Frau geliebt wie jetzt: sie ist für mich jetzt
etwas Heiliges und Eigentümliches. Und das Kind ist prachtvoll!
Es ist bereits ein Charakter.

Ich gehe umher und lalle und feixe; bin auf jede Art lächerlich
und geschmacklos. Lasse das Kind an meinen unrasierten Wangen
saugen oder unternehme irgendwelche mütterlichen Manöver mit
meiner Jacke, narre das arme kleine Ding, daß es sich mit dem
Schnäuzchen an einem Westenknopf festsaugt. Ja, ich bin scheuß-
lich! Ich erschrecke Karin zu Tode, indem ich die abscheulichsten
Grimassen schneide - die liebevoll und einschmeichelnd sein
sollen."

GIFTAS(„Heiraten")-Prozeß

Aber Strindbergs Schicksal sollte bald wieder mit C.L's Interesse an seinem häuslichen Leben in Wettstreit treten. Giftas
verursachte Aufregung! (In „Giftas", „Heiraten" – Zwölf Ehege-
schichten von Strindberg 1884 veröffentlicht, setzt S. sich für die
Frauenemanzipation ein und die Konservativen und Frauenver-
bände machen ihm den Prozeß) Im Oktober schreibt C.L. an
Strindberg: „Nun weiß ich nicht, wo ich anfangen oder enden soll.
Ich will damit beginnen, daß ich Dir herzlich für Dein fabelhaftes
Buch danke, das, wie ich soeben aus „Nyheterna" entnahm,
beschlagnahmt worden ist.

Na endlich! Das ist ja ganz und gar in Ordnung! Und daß die
jubelnden Spießer sich gerade auf Dein stärkstes, gesündestes und
nützlichstes Buch stürzen, ist eine Tatsache, die einmal in einer
zukünftigen ‚Geschichte des schwedischen Volkes' stehen wird. -
Hier sitzen wir armen Künstleresel und lesen die Novellen zum
vierten Male, lesen sie uns laut einander vor, jubeln, klopfen uns
gegenseitig entzückt auf die Schultern, sind der Meinung, daß die
letzte Geschichte das wunderbarste ‚Poem' sei, das auf Schwedisch
geschrieben worden ist, finden ‚Ein Puppenheim' - Deines - die
schönste und frischeste Ehegeschichte, die wir je gelesen haben -
usw. usw.!

Wir sagten: Jetzt! Jetzt haben wir ihn in seiner ganzen Vollendung! Nun hat er es im vollsten Maße erreicht, das, was seine Arbeiten nicht nur echt, sondern zu einem fruchtbringenden ‚Evangelium' macht. Die gute Gemütsstimmung!

Und so beschlagnahmt der schwachsinnige Justizminister das beste Buch, das nach meinem Dafürhalten in unserer Sprache geschrieben worden ist.

Wie gerne ich bei Dir wäre und hören möchte, was Du denkst! Ob Du darüber froh oder traurig bist. Pfui Teufel, wie man die Menschen leid zu werden beginnt! Für mich bleiben nur drei Menschen übrig: meine Frau, Du und ein Malerfreund, der sich in London aufhält. (Albert Mauritz Lindström). Aber wir werden wohl auf jeden Fall mit ihnen leben müssen. Wir sind übrigens wohl oder übel dazu gezwungen. Glaube übrigens nicht, daß die Schweden die schlimmsten sind, die Franzosen sind auch nicht auszuhalten. Aber wir haben die Natur, die große, schöne, reiche Natur, auf der wir wie verunzierende und nagende Blattläuse sitzen. Wir haben außerdem unsere geliebten Frauen und Kinder, so daß wir nicht die allerbeklagenswertesten sind. Glaubst Du noch an die Republik? Mein Lieber, dort nehmen sofort die

Herbst, Aquarell, 1884. Nationalmuseum.

Katze auf einem Gartenweg, Aquarell, 1884.

Atelieridyll, Pastellbild, 1885. Nationalmuseum.

Herbstmotiv, Ölgemälde, 1884.

Spießer Sitz und Stimme ein; im Königreich sitzen Idioten und regieren, und die sind weit besser als Spießer. Ich glaube, daß ein wenig Anarchie nicht schaden würde - ich befürchte, man müßte damit anfangen."

Strindberg wird angeklagt. Am 22. Oktober schreibt Carl Larsson an Albert Bonnier: „Ich werde mir niemals ruhig ansehen, wie man den besten, oder richtiger gesagt, einzigen Schriftsteller unseres Landes ins Gefängnis wirft - ungeachtet der Tatsache, daß er zu denen meiner Freunde gehört, von dem ich unvergleichlich am meisten halte. So will ich auch Radau machen! Aber was werde ich machen? Kann ich nicht den dummen Steyer karikieren? Aber er ist vielleicht kein ‚Sakrament'? Aber nach Långholmen will ich auch, d.h. wenn Strindberg dorthin kommt. Ich wollte ein Porträt von Strindberg zeichnen, mit Emblemen u.ä., die darauf hinweisen sollten, wofür ihn Schweden anklagt. Dieses Porträt sollte 1 Krone kosten. Dann vielleicht eine scheußliche Karikatur von dem Ratsherrn anfertigen: die sollte 1 Öre kosten. Ja, das mag simpel

erscheinen; aber wenn ich wahnsinnig vor Wut bin, so mag es hingehen! Oder gibt es etwas anderes? Ja, lieber Onkel, das ist mir ernst: ich gehe ins Kloster – d.h. nach Långholmen – falls Strindberg dorthin kommt. Und der Teufel mag alle Religionen holen, oder besser gesagt: sie zu sich zurücknehmen, denn von ihm kommen sie alle her. Meine Kinder dürfen nicht Schweden werden, weil ich sie nicht taufen lasse. Es herrscht ein völliges Drunter und Drüber in meinem armen Künstlergehirn."

Der Weihnachtsabend wird in Grez mit einem großen Fest begangen: 35 Gäste von Paris. ‚Der reiche Larsson' ist der Gastgeber und hat einen 10 Meter langen Karton mit scherzhaften Bildern gemalt. Sylvester stellt er fest, daß, das vergangene Jahr das glücklichste in meinem Leben gewesen ist'. Er gestaltet sein Glück in einem Pastellbild, ‚Atelieridyll', das er zum Jahreswechsel in Arbeit hat. Es wird beim allgemeinen Künstlerverband in Göteborg 1886 von Fürstenberg gekauft, der es dann dem Nationalmuseum schenkt.

„Wie gesagt, unser Herr gab mir meine liebe Frau Karin, und sie schenkte mir die kleine Suzanne. - Mein Leben war nun so hell und glatt wie das Köpfchen des Kindes.

In einer Ecke des Ateliers steht ein Stück eines abgelehnten Bildes (Chez le peintre du roy), das ich einst aus Gram in Stücke schlug, die ich an Freunde und Bekannte austeilte, aber dieses Stück behielt ich für mich selbst als bittere Erinnerung.

Auf diesem Stück war u.a. ein Rokokostuhl gemalt, und mitten darin habe ich den kleinen Schreihals geklatscht, von seiner Mutter gehalten.

Also vor einen solchen Hintergrund der Sorge setzte ich diesen hellen Punkt als Ausdruck meines jubelnden Glückes. Und so kam das Bild ‚Die kleine Suzanne‘ zustande!“

Verschwörungen gegen die Akademie

Am 8. Februar kann er Strindberg berichten: „Ich bin in der großen Stadt gewesen, um zusammen mit meinen Pariser und Londoner Kollegen gegen die Akademie zu konspirieren: wir

,Schnee in Grez‘, Zeichnung nach einem Pastell für den Katalog zu „Vom Ufer der Seine“, der Frühjahrsausstellung für moderne schwedische Kunst der oppositionellen Künstler in Stockholm, 1885.

Bienenkörbe, Aquarell, 1884.

Umschlag für
„Nothilfezeitung"
‚Vom Ufer der
Seine II', 1885.
Rechts eine
‚Bizarrerie' aus
derselben Zeitung.

haben ein Reformprogramm aufgestellt, von dem ich glaube, sogar Du würdest es gutheißen. Hagborg ist die akademische Mitgliedschaft angeboten worden, aber er hat abgelehnt. Am 1. April wird eine kleine Ausstellung (von 20 der Aufrührer) in Blanchs Galerie eröffnet." Die Londoner Kollegen waren Axel Hermann Hägg, Anders Zorn und Larssons besonderer Jugendfreund, Albert Mauritz Lindström. Kurz danach macht C.L. einen Besuch in London, begibt sich zu Lindström und malt dessen Porträt in eineinhalb Stunden.

Am 27. März reichen die oppositionellen Künstler ihr Reformgesuch bei der Akademie ein.

Vom Ufer der Seine

Auf Hagborgs Vorschlag gibt die Zeitung ‚Vom Ufer der Seine' auch den Namen für die Frühjahrsausstellung in Stockholm. Es ist das erste Mal seit acht Jahren, daß moderne schwedische Kunst im großen Maßstab gezeigt wird. Es ist auch mehrere Jahrzehnte her, daß eine große Ausstellung außerhalb des Rahmens der Akademie oder der Kunstvereinigung durchgeführt

wird. Die Ausstellung wird von Ernst Josephson und Richard Berg arrangiert. Carl Larsson nimmt mit den Bildern ‚Die Braut', ‚Der Wein', ‚Herbst', ‚Schnee in Grez', ‚Ein französischer Bauer', ‚Die Bienenkörbe' und ‚Beim Zahnarzt' teil. Am 18. März schreibt er an Nordensvan: „Du sprichst davon, daß Du auf unsere Frühjahrsausstellung bei Blanch neugierig bist, was glaubst Du, wie ich es erst bin! Cederström und ich haben um ein Essen für die ganze Familie gewettet - er, daß sie ein Reinfall wird - ich, daß sie erfolgreich sein wird. Glaube mir, diese Ausstellung wird ein frischer Frühlingshauch im Gegensatz zu den ständigen Samum der Kunstvereinigung werden."

Wohl ist es bald Carl Larsson, der Recht behält, aber es gibt auch Widerstände; als ‚Ny Illustrerad Tidning' vier Schützlinge der Akademie in Rom gegen die Pariser ausspielt, schreibt C.L., „den Tränen nahe vor Wut", am 22. April wieder an Nordensvan: „Sieh mal, mein Lieber, man wird todmüde und ist dem Weinen nahe, wenn man alle diese Lumpereien sieht. Nein, sagt der Teufel in meiner Seele, es gibt nichts anderes als Sozialismus! Ich möchte gern mit einer Guillotine herumreisen, wie seinerzeit der selige St. Just! Eine Schreckensregierung ist das einzig Richtige! Aber eine rechtschaffene!"

‚Die kleine Suzanne'. Ölgemälde, 1885. Konstmuseum Göteborg.

‚Die alte Mauer', Aquarell, 1885.

Carl Larsson wird schwedisch

Im Mai zieht er mit seiner Familie heim nach Schweden zurück. Im Sommer „nahmen mein Schwiegervater und ich uns ein wenig frei und reisten in Dalarna umher, auf dem üblichen Touristenweg ringsum Siljan, aber machten einen Abstecher nach Sundborn, dem Geburtsort meines Schwiegervaters, wo ein paar alte Schwestern von ihm lebten, die in einem ihm gehörenden Häuschen wohnten.

Es war ein kleines, unansehnliches, häßliches und nichtssagendes Gebäude, das auf taubem Schlackengestein stand. Es hieß auch Hyttnäs (Erzhütte) - Lilla (die Kleine) - zum Unterschied zum Stora (die Große) des Nachbarn. - Die Erde, auf der die ihre Kartoffeln hatten, war von anderswo herbeigekarrt worden, und der wenige Lehm, der an einige Stellen gebracht worden war, diente einigen Fliederbüschen dazu, Persiens Durft und Pracht über das Ganze zu verbreiten. Aber diese bewußte Hütte lag an einer Schleife des Sundbornbaches, gerade an der Stelle, wo er ein wenig breiter wird; ein kleiner Abhang erstreckte sich gerade ins Wasser hinein, in dem ein bejahrtes Boot lag, um anzudeuten, daß es ein Hafen sei; neun Birken hatten sich ganz von selbst auf dem Schlackenhaufen angesiedelt, und die sahen dort wahrlich nicht so aus, als hätten sie es schlecht. Und die alten Frauen hatten auch keine Not. Sie waren Muster von Ordnung und hatten gerade noch das, was sie notwendig brauchten. Alles in der Hütte war sauber und schön, die Möbel waren von einfachster Art, aber bieder und haltbar. Sie hatten sie von ihren Eltern geerbt, die auf einem Besitz in der Nähe gewohnt hatten.

Hier erlebte ich dieses unaussprechlich süße Gefühl der Abgeschiedenheit von dem Krach und Lärm der Welt, das ich vorher nur einmal (und zwar in einem französischen Bauerndorf) kennengelernt hatte. Als mir deshalb mein Schwiegervater vorschlug, für mich einen mittelgroßen Besitz im selben Dorfe zu kaufen, antwortete ich nachdrücklich mit nein und begründete die Ablehnung damit, daß nur etwas, was diesem kleinen Idyll ähnele, für einen Künstler geeignet sei."

Er fuhr wieder nach Stockholm zurück, wo er in der Linnégatan 5 wohnte.

Die Ausstellung der oppositionellen Künstler bei Blanch

Nun liegt Spannung in der Luft. Am 3. August schreibt er an Strindberg, der in Grez zu Besuch ist: „du mußt glauben, wir oppositionellen Künstler sind sogar hier zu Hause Hundesöhne. Aber ich kann nicht, wie Du, auf die Schimpfenden zornig sein; ich verhalte mich freundlich ihnen gegenüber und frage sie nach ihrem Vornamen.

Lächle ihnen zu! Aber nur etwas!"

Am 15. September wird die Ausstellung der oppositionellen Künstler bei Blanch eröffnet. Sie wird von C.L. und Ernst

Motiv aus Åsögatan in Stockholm, Aquarell, 1885, Nationalmuseum.

Josephson geleitet. 59 Künstler nehmen mit 155 Bildern daran teil, Larsson selbst mit ‚Der kleinen Suzanne', dem ‚Atelieridyll', ‚Schnuller', ‚Die alte Mauer', ‚Habicht und Taube', ‚Das Mädchen im Grünen', ‚Winterstudie' und ‚Dalarnern aus Rättvik' sowie Illustrationen zu den Gedichten von Lenngren. Die Ausstellung ist erfolgreich, aber für Larsson selbst ist die Zukunft nicht sofort vielversprechend.

„Wir wohnten zunächst bei Karins Eltern, aber hatten es bald satt, kletterten eines Tages auf die südlichen Hügel und machten ein kleines Nest auf Åsögatan ausfindig, das bezaubernd war, mit einer Einfahrt zur Stadt unter uns. Ein alter Garten, in dem irgendein Vorgänger alle möglichen Bäume, die in diesem Klima wachsen konnten, zum Beispiel Buchen, gepflanzt hatte. Wenn dort nur nicht eine Familie gewohnt hätte, die verdorbenes Fleisch gekocht und damit Würste gestopft hätte - zum Verkauf - versteht sich. Man pflegt so etwas die Kehrseite der Medaille zu nennen.

Zeichnungen aus der Reisebeschreibung „Von Stockholm nach Messina", erschienen in „Svea", 1887. Die Reise wurde in den Monaten März bis Mai 1886 unternommen. Oben sieht man Ernst Josephson (links) und C.L., die auf die Fähre in Dänemark warten, darunter das Interieur eines Cafés in Roskilde.

Links Ernst Josephson, rechts Strindberg in Wachs im Panoptikum in Kopenhagen. Den ‚wirklichen' Strindberg fand man in Grez. Darunter bringt der Künstler Karl Nordström Strindbergs Kindern das Lesen bei.

Ansicht von Paris.

„Unsere unbekannten Reisegefährten mit geistiger und leiblicher Nahrung."

INFÖDINGAR.

Links: Nizza. Oben: Englische Touristen füttern Tauben in Venedig.
Unten und unten links: Zwei Bilder zu Neapel.

Berninistatue.

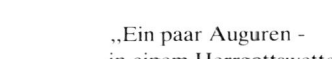

„Ein paar Auguren -
in einem Herrgottswetter."

Das kleine Loch, in dem wir wohnten, hatte eine winzigkleine Küche und dahinter ein Zimmer, in dem ich meine Malsachen hatte. Die Küche diente auch als Bibliothek, das Atelier auch als Speisezimmer. Eine Treppe höher war unser Schlafzimmer."
Sehr bald bricht er zeitweilig von Åsögatan auf. Im November/Dezember besucht er zusammen mit Josephson Göteborg, wo sie beide bei Pontus Fürstenberg wohnen. Hier liegt der Anfang der Freundschaft mit seinen Gastgebern, die so große Bedeutung für Carl Larsson haben sollte. Er stellt seine Lenngrenillustrationen im Museum aus, verkauft einige Bilder und erhält Aufträge für andere. Für Fürstenberg malt er ein Interieur von dessen Galerie, in der Josephson an dem Porträt von Frau Göthilda arbeitet.

Er kehrt wieder nach Stockholm und Åsögatan zurück und nimmt die Arbeit am „Schwedischen Schnee" in Angriff. Er malt seinen ‚Freilichtmaler' (in Schweden) auf den Hügeln vor der Wohnung.

Am 1. März begibt er sich ins Ausland. Er schildert die Reise später in „Von Stockholm nach Messina" im Kalender Svea 1887.

Vor der Wohnung in Åsö-
gatan in Stockholm malte
Carl Larsson den
,Freilichtmaler'.
„En Suède" (in Schweden)
nannte er selbst das Bild.
Ölgemälde, 1886.
Nationalmuseum.

Strindbergs Apostel

Im Mai ist C.L. wieder in Stockholm. Am 3. Juni schreibt er an
Strindberg:

„Ich sehe aus den Zeitungen, daß Dein neues Buch, ,Der Sohn
der Magd', erschienen ist, aber da ich mehrere Tage nicht in der
Stadt gewesen bin, habe ich noch keine Gelegenheit gehabt, es mir
zu kaufen. Ich sehne mich indessen danach, es zu lesen, nach allem,
was Du schreibst. Gerade, als ich Deine Briefkarte bekam, war ich
dabei, in aller Ruhe Dein „Die Verheirateten" zu lesen. Wie das
stark ist!

Und das bringt die Spießer in Wut und Zorn! Aber das ist wohl
teilweise Deine Absicht. Ich war gestern bei einem solchen Essen
der Spießer, natürlich fing man an, über Dich zu reden (es
geschieht nie, daß ich irgendwo hinkomme, wo man nicht über
Dich redet!) und zwar auf sehr unfreundliche Art. Ich - traue
meiner selbstauferlegten Eigenschaft als Dein Apostel - donnerte
ihnen eine ganze Menge von dem entgegen, von dem ich meinte,
daß es ihnen gut täte. Die Augen waren dabei, ihnen aus dem Kopf
zu treten und ich wäre herausgeworfen worden, wäre das Essen
nicht eigens mir und meiner Frau zu Ehren gegeben worden. Als
der Gastgeber einen Trinkspruch auf mich und Karin ausbrachte
und uns willkommen hieß, bebten sie noch vor Wut und wandten
sich alle Karin zu (als ob sie nicht genau so ,strindbergisch' wie ich
sei), und nur der eine oder andere wandte sich anstandshalber
widerwillig mir zu.

,Der Stillebenmaler',
Aquarell und Guache,
1886.

Interieur von Fürstenbergs
Galerie, Aquarell, 1885.
Konstmuseum Göteborg.

Ja, siehst Du, wenn alle, die so denken wie Du und ich – und das sind viele – den Mut hätten, ihre Meinung ohne Umschweife zu sagen, so würden die Spießer bald umschwenken. –

Nun muß ich ins Freie und einen Apfelbaum malen, bevor die Blüten abfallen."

Am 16. August wird Valand, die neue Kunsthalle in Göteborg, eingeweiht. Dieses Ereignis wird mit einer großen Ausstellung gefeiert, an der sowohl die Anhänger der Akademie wie auch die oppositionellen Künstler aus den vier nordischen Ländern teilnehmen. Die Kritik erkennt an, daß die Ausstellung den Durchbruch der modernen Kunst bedeutet. Carl Larsson, der zugegen ist, kann seine Bilder ‚Atelieridyll‘ und ‚Die kleine Suzanne‘ verkaufen. Am selben Tage, an dem Valand eingeweiht wird, versammeln sich die oppositionellen Künstler, um einen regelrechten Verband zu bilden. Er erhält den Namen Künstlerbund. Larsson wird einer der 6 im Vorstand der Fraktion Stockholm.

Während der Festlichkeiten des Künstlerbundes gelingt es Fürstenberg, Larsson zu überreden, Vorsteher der Zeichenschule am Museum Göteborg zu werden.

Die erste Ausstellung des Künstlerbundes wird im Oktober in Blanchs Kunstgalerie in Stockholm eröffnet. Larsson und Pauli bilden die Kommission. Im Katalog zeichnet Carl Larsson u.a. eine Allegorie der kunstpolitischen Lage. Den Künstlerbund sieht er als den Recken, der mit dem Schwert auf den Akademiedrachen einhaut, der endgültig die Forderung der oppositionellen Künstler abgelehnt hat.

Er selbst ist mit Bildern von Åsögatan und einer Radierung „Das frohe Fest" vertreten. Auf einer Platte übt er sich zunächst in der Technik mit einigen flüchtigen Skizzen, Suzanne, Selbstporträt, eine Landschaftsstudie und Kronprinz Carl August für eine Medaille … Aber die große Lenngrenillustration ist sein erstes Blatt nach dem Versuch von 1875.

‚Die arme unfreie schwedische Kunst‘. Zeichnung im Katalog für die erste Ausstellung des Künstlerbundes in Stockholm, 1886.

Lehrer an der Kunstschule Valand

Im Herbst zieht er nach Göteborg um, um als Lehrer an der Kunstschule Valand seine Arbeit aufzunehmen. „Vor mir waren der alte Saloman und später der Landschaftsmaler Lindholm dort Lehrer gewesen, und da ging es sehr bescheiden zu, es wurden Tafeln und Klötze abgezeichnet, und die Schüler waren nur die Töchter von Großhändlern. Aber ich stellte die Schule auf eine neue Grundlage, machte sie zu einer ‚Malerschule‘ und ließ nach ganz lebendigen, ziemlich nackten Modellen malen, was einen schrecklichen Skandal in der prüden Stadt hervorrief.

Wir wohnten zunächst in Viktoriabacken, bald aber bot man uns an, eine Fürstenberg gehörende Villa kostenfrei zu bewohnen, gerade vor der Stadt, wo wir es sehr schön hatten und uns wohl fühlten.

Wenn ich über die Schule schreibe, muß ich auch etwas über deren Schüler sagen. Die meisten erbte ich von der alten Schule, mittelalterliche Frauen, die wahrscheinlich, weil sie zu faul waren, ihren Haushalt zu versorgen, ihren Männern vorgegaukelt hatten,

Griffonnements, Radierung, 1886. Griffonnements bedeutet etwa ‚Kritzeleien‘ und Carl Larsson fertigte die Platte an, um sich in der Technik zu üben. Man sieht Suzanne, eine Landschaft, eine Medaille mit Kronprinz August und ein Selbstporträt.

Spielzeugecke, Aquarell. 1887

sie hätten Talent, und junge Töchter aus reichem Hause, die einen Zeitvertreib suchten und sich vor ihren Freundinnen wichtig machen wollten.

Nun war es in wirtschaftlicher Hinsicht so geschickt eingerichtet, daß eigentlich das, wovon ich leben sollte, die Gebühren der Kunstschüler sein sollten, und alle Freischüler sollte ich mit dazu nehmen. Natürlich waren es die letzteren, unter denen ich Begabungen fand und die mein Seelenbalsam waren. (...)

Knapp hatte ich es auch: es war nicht der Glanz in meinem Leben, dem ich so nahe gewesen zu sein glaubte. Meine neuen und reichen Bekanntschaften in Göteborg luden zu Festessen ein, die verschwenderisch waren, aber mit irgendwelchen Käufen oder Bestellungen waren sie knauserig.... Aron Jonason und ich wurden als Ausstellungsstücke für diese schandbar teuren Essen verwandt." – „Ich begann zu glauben, daß ich zu gut für diese Welt sei – ich meine die schwedische Welt und werde eines schönen Tages mich wieder auf Abenteuer begeben und zur Zeit meine junge Braut daran gewöhnen, Gefallen am Vagabundendasein zu finden. In Schweden beginnt man, vor allem Angst zu haben, was gute Laune ist, und stuft es als geschmacklos ein. Meinethalben! Und ich werde von nun an ‚darauf achten, daß meine Läuse keinen Schnupfen bekommen.‘ Ich überlege mir, ob ich nicht vornehm werden soll, selbst ich, und somit unausstehlich, wie die Menschen hier meistens sind. Denk, wie leicht es dagegen ist, immer heiter auszusehen!"

Aber er hat seinen menschlichen und künstlerischen Halt in dem Hause Fürstenberg. Bei einem geselligen Zusammensein der Künstler dort wird die Ausschmückung der neuen Galerie besprochen. Birger schlägt vor, daß Larsson das Künstlerleben bei den oppositionellen Künstlern mit einigen größeren dekorativen Gemälden schildern soll. Wahrscheinlich sind es Larssons Karikaturkartons von den Festen aus dem Kreise der Freunde, die zu diesem Vorschlag veranlassen. Unmittelbar wird jedoch nichts aus dieser Sache. Bis auf weiteres muß der Monumentalmaler sich damit begnügen, einen historischen Künstlerzug zu Fürstenbergs Geburtstag 1887 zu arrangieren; vielleicht geht der Gedanke von Birger aus. Das Projekt reduziert sich schließlich zu dem Triptychon, das Fürstenberg 1888 bestellt, einer Schilderung der Kunstepochen Renaissance, Rokoko und Moderne.

Die kleine Behaglichkeit

In Erwartung der monumentalen Aufgaben sucht er sich ein intimeres Motiv, die Spielzeugecke.

„Aus der ersten Zeit in Göteborg. Wir mieteten uns in einer neuen Villa ein, einer von der richtig unerfreulichen Sorte. Suzanne, damals unser einziges Kind, hatte ihre Spielzeugecke, wie ihr seht, in diesem zugigen Glasalkoven.

Nun ist es spät; das Mädchen schläft und schnauft schon lang, während ich den Widerschein der Lampe im Fenster abmale, der Lampe, unter deren Licht Karin näht. Der Widerschein vermischt sich mit der äußeren Wirklichkeit, die hier ein Villenturm auf der

anderen Straßenseite ist, und es war diese Mischung von Schein und Wirklichkeit, die für mein Malerherz unwiderstehlich war.

Suzannes Spielsachen, die, die sie hatte, waren auch voller Poesie, versteht sich."

Hier beginnt er mit Schilderungen von seinem Heim, von der kleinen Behaglichkeit, die einen so großen Teil seines Schaffens ausmachen sollte.

Es ist nicht immer so heiter in der Schule. „Ich tat ehrlich das Beste, was ich konnte. Die ganzen Tage widmete ich mich der Schule und den Schülern, die in der Regel schrecklich ‚grün‘ waren, und, was das schlimmste war, schrecklich talentlos! Ich entriß mir sogar eine Menge von der vergessenen Anatomie, nicht zu reden von der Perspektiv ehre und achtete darauf, Vorlesungen darüber zu halten - bevor ich wieder die lateinischen Ausdrücke sowie die Stellen, wo die Augen- und Horizontalpunkte sitzen sollten, vergessen hatte.

Dann kam Ulf."

Am 21. Mai schreibt er aus Varberg an Strindberg: „Du hast nun wohl meine Schrift vergessen und schaust verwundert auf die Unterschrift. Ja, Du, das ist der alte Pinselkleckser, der Mann aus Kymendö und Grez, der endlich etwas von sich hören läßt. (...) Vor fünf Wochen bereits bekam ich einen Sohn, der sofort Ulf hieß. Karin hat eine öffentliche Rüge erteilt bekommen (d.h. vor einer Menge Leute im Amtszimmer des Pfarrers), als sie den

An der Loing, Grez, Aquarell, 1887. Bruno Liljefors wohnte auf seiner Hochzeitsreise in Grez, und es ist Frau Liljefors, die aus dem Schuppen auf der Linken schaut.

Jungen anmeldete: - Sind Sie Baptisten? - Nein! - Heiden also?! - Ja! - Wie können Eltern eine so schreckliche Verantwortung auf sich nehmen. Da fiel ein anderer Pfarrer ein: ‚Künstler, Franzosen - fein wird das werden! Und einen so barbarischen Namen gebt ihr eurem armen Kind. Und dergleichen. Ich war da in Paris. Aber den Heidenkindern geht es gut und sie gedeihen und werden in der Verehrung Strindbergs aufgezogen werden."

„Im Sommer waren wir sowie Schwägerin Stina weg und führten ein gesundes Freiluftleben draußen am Äppelviken (vor Varberg), wo wir uns eine kleine Hütte mit einem kleinen, von einer Steinmauer gegen die Winde geschützten Garten von der Witwe eines Steinhauers mieteten. Wir badeten zusammen und spielten wie die Kinder. Suzanne hüpfte auf den ewigen Steinen wie eine Ziege. Der kleine Ulf lag am liebsten an der Brust seiner Mutter und saugte gierig und nachdrücklich."

„Ich habe es schön hier draußen am offenen Meer, aber das ist nur an Samstagen, denn die ganze Woche über liege ich alleine hier, weg von Frau und Kindern und male alte, vielhundertjährige Rauchstubenhäuser, verziert mit hundertjährigen alten Weibern."

Motiv von der Westküste, Ölgemälde, vermutlich 1887. Carl Larssongården, Sundborn.

Lebe in Schweden!

Von Strindberg in Kopenhagen bekommt er einen verzweifelten, schwedenfeindlichen Brief. Er antwortet am 15. Juli: „Bezüglich eines Rates, wenn Dir ein solcher von mir gegeben werden darf - worum Du nicht gebeten hast und wozu ich kein Recht habe, ihn Dir zu geben und damit Deine Gedanken ‚in Aufruhr' zu versetzen - so wäre er der: Lebe in Schweden!

Wenn diese Teufel Deinethalben mich böse anfauchen: ‚er verachtet Schweden (ich denke, die Schweden - aber glaube, das ist unnötig zu sagen), so brülle ich ihnen mit Gefühl und Überzeugung entgegen: das ist eine Lüge: er ist der ausgeprägteste Schwede, den ich kenne - obwohl er vielleicht zu trotzig ist - und aufreizend, um es immer erkennen zu lassen, aber er hat es mit seinen Schwedischen Dramen, seinen ‚Schwedischen Schicksalsgeschichten', seiner ‚Schwedischen Geschichte' und seinem ganzen gewaltigen Interesse für unser Land bewiesen: er leidet, er sorgt sich sehr um es, er zerreißt sich um es. Warum ist er so wütend auf Euch (Spießer)? Doch darum, weil er meint, Ihr seid solche beschissenen Schweden. Er schimpft nicht auf andere Nationen. Ja, gegen die Oberschicht!' - (und da - bei dem Wort lassen sie die Schultern hängen, zieren sich, suchen verachtungsvoll auszusehen, sehen ekelhaft aus - ach, wie schön es wäre, mit der Faust zwischen deren Nasenknorpel und Ohrläppchen schlagen zu können). Ja, sagt Dein Freund (der Dich vielleicht mißverstanden und sich auf das alte Sprichwort besonnen hat, Gott bewahre uns ... Du weißt schon): ja, gewiß, aber meist gegen die schwedische Oberschicht. Und sagt er nicht auch so ehrlich, daß sie Flegel sind! Schmeichelt er ihnen vielleicht, so ende ich mit einer jubelnden Fanfare der Begeisterung! ‚Ein Strindbergianer', sagen sie, aber da er (Verachtung!) ein Künstler ist, so bedeutet das nichts.

Abendröte, Aquarell, 1887, ein anderes Motiv von der Westküste.

Vor ein paar Tagen machte ich eine Fußwanderung - dreißig Kilometer - hier in das Innere des Landes. Anhöhen, Berge, Täler, Bäche. Liebenswerte, kräftige blonde Menschen mit im allgemeinen ehrlichen, unschuldigen Gesichtern. Weißt Du, ich wurde so froh, so frei, fühlte mich so unter den Meinen, den ‚nächsten Verwandten‘, wie man sagt; es war eine einfache, reine Rasse, nicht dieses städtische Mischmasch aus allen möglichen Menschenlarven. Und wie sie ‚mit der Natur lebten‘ wie wir Maler sagen. Sie waren wie die Blumen des Bodens, die Ernte der Erde.

Wie die Nachmittagssonne warm und mild auf die farbenprächtigen, heidekrautbewachsenen Hügel schien, wo unzählige Schafe blökten, so siehst Du, daß die Dummheit auf dem Lande anmutig und erholsam, die in den Städten dagegen entsetzlich ist, denn dort wird sie anspruchsvoll; Autorität. Ich ging in die Hütten, da lag Frieden auf den Gesichtern und das Erbauungsbuch aufgeschlagen auf dem Tisch, von mir aus gern - auf dem Lande. Und ich

lernte so viel von den Leuten, von deren einfacher Art zu leben: Brot und Milch, das langt auf dem Lande, das ist Krankheit und Tod in der Stadt. Und ich ging erquickt heraus. Kam in der Abenddämmerung zur Köllerydheide, wo sich ein Bautastein als Silhouette gegen den phantastisch rotgefärbten Himmel abhob. (Der Idealist!) Ein alter Bauer ging neben seiner klapprigen Fuhre, so freundlich und geheimnisvoll in der Abendstunde. Ich dachte sofort: wie Strix es gut verstehen würde, sich mit dem alten Mann zu unterhalten.

Und meine ganze Wanderung hätte ich Dir gewünscht! Ich fluchte laut, mit einem heiligen, jubelnden Fluch der Überzeugung, daß Strix zum Teufel nochmal in Schweden leben sollte, in dieser kräftigen, teils so wilden, teils so wehmütigen - und so abwechslungsreichen - Natur. Ja, ja, Strix, ich bin nun ‚Freund‘ mit Schweden geworden. Und ich weiß, wie Du es liebst und es verstehst! Glaubst Du, ich besinne mich nicht auf Kymendö, als ich

Im Atelier Valand, undatierte Kohlezeichnung.
Rechts: „Graziella fragt, ob sie als Modell dienen kann." Radierung, 1888.

wie ein Narr an Deiner Seite ging, Dich reden ließ und mich über alles wunderte, was Du auf dem Wege sagtest, über Deine reiche Phantasie, Deine Dichtkunst und - Deinen praktischen Blick (Bauer).

Strix! Das ist kein Rat, aber so habe ich Dich innerlich erkannt mit der Natur um mich herum und dem Gedanken und der Erinnerung an Dich in mir!"

Mehr Kunstpolitik

Für die Kunstpolitik der oppositionellen Künstler ist 1887 ein unglückliches Jahr - die Ausstellungspläne scheitern, Josephson tritt aus dem Künstlerbund aus, der Antrag im Reichstag auf eine andere Verwendung gewisser Mittel wird eindeutig abgelehnt. So ist es viel wichtiger, den Bund in seiner Stellung zu festigen und Stärke nach außen bei der zweiten Ausstellung zu beweisen, die im September/Oktober in Göteborg abgehalten wird. Carl Larsson und Reinhold Callmander haben den schweren Auftrag, als Kommission eine gute Kollektion zusammenzustellen. Trotz der Tatsache, daß die Kritik verhältnismäßig gut ist, wird die Ausstellung zu einem wirtschaftlichen Rückschlag, und vom Standpunkt des Prestiges bedeutet sie auch kein Übergewicht über die Akademie. Diese hat einen Trumpf in der Hand; die neue Akademieordnung läßt 10 nichtakademische Mitglieder in den Vorstand. Die oppositionellen Künstler Stockholms sind im allgemeinen bereit, das Angebot anzunehmen, aber Carl Larsson hält stand. Er lehnt die Egron Lundgren-Medaille, die die Akademie ihm verleihen will, ab. Diesbezüglich schreibt er am 15.

November an Sander, den Vermittler im Streit zwischen dem Bund und der Akademie: „Dies kann nicht im geringsten den „Streit" in einer für alle Teile - auch für mich - zufriedenstellenden Weise beilegen, obwohl ich in der Tiefe meiner Seele den Glauben hege, daß eine ständige und ausgewogene Opposition heilsam, belebend und kontrollierend ist.

Ich bin nun stolz, frei und froh wie ein Vogel in den Lüften und laßt mich so bleiben, und liebt mich trotzdem! es muß doch wohl bald ein relativer Frieden auf Erden unter den Menschen herrschen, die guten Willens sind. Einen solchen habe sogar ich - wenn es auch nicht so aussieht - denn keiner wünscht es innerlicher als ich, daß das gegenwärtige gespannte Verhältnis aufhören möge - doch mit sichereren Zusicherungen als mit der, daß 10 von den lahmsten Künstlerbundsmitgliedern sich mit 30 in der Regel halsstarrigen und rachedürstenden gegenwärtigen Akademiemitgliedern im akademischen Rat zusammensetzen."

Monumentalaufgaben in Sicht

Hugo Birgers Vorschlag bezüglich der Ausschmückung der Fürstenbergschen Galerie erhält jetzt Unterstützung vom Architekten. Fürstenberg vereinbart mit Carl Larsson, daß jener für die Ausschmückung verantwortlich sein soll. „Es wurde schnell vereinbart, ich legte einen Vorschlag vor, der angenommen wurde; und was die wirtschaftliche Seite betraf, so schlug ich dem Mäzen vor, er sollte mir dann Geld geben, wenn ich es brauchte, und dann würde man sehen ...

Aber eine Bedingung stellte ich, und zwar, daß die Gemälde in

Unten: Profile, Radierung, 1888. Das Bild wird von Hasselbergs Büste von Fürstenberg beherrscht, dahinter Karin auf einem Tuch, auf dem Altar Silhouetten der verstorbenen Freunde Hugo Birger und Carl Skånberg, ganz oben links ein kleines Porträt von Strindberg, ganz unten links eine Selbstkarikatur. Nationalmuseum.

einem Stoß von Paris abgehen sollten. Das wurde auch nach einem gewissen Zögern akzeptiert. Die Betreuung von Valand mußte in der Zeit von jemand anderem übernommen werden, versteht sich, und ich brachte sie dazu, Liljefors aufzufordern, der auch darauf einging, als er hörte, daß er meine kleine Wohnung und meine Möbel zur Verfügung bekäme."

Endlich bekam Carl Larsson die Gelegenheit, sich der Monumentalkunst, der großen Malerei, zu widmen, „der meine Liebe galt, und auf die meine Studien ausgerichtet waren", wie er es zehn Jahre zuvor in einem Brief an Boklund formuliert hatte.

Noch eine solche Aufgabe, und eine noch größere wird jetzt aktuell. „Im letzten Jahr, in dem ich zur Schule ging, wurde die skandinavische Ausstellung eröffnet - da, wo jetzt das Standbild Karls XII. steht - und gleichzeitig das gerade fertig gewordene Nationalmuseum mit einer skandinavischen Kunstausstellung.

Durch dessen Säle gingen alle Volksschüler Stockholms in langen Reihen, angeführt von ihren Lehrern, und darunter war auch der damals dreizehnjährige Junge, der jetzt als Erwachsener diese Zeilen niederschreibt, und heftete seinen Blick gerade auf die auf den leeren Wänden der Eingangshalle stehenden Worte ‚Platz für Freskomalerei.'

Bereits damals war der Künstlertraum bei mir stark ausgeprägt, und vielleicht fragte ich mich angesichts der Größe der Aufgabe, welcher Künstler sich an dieses Werk wagen würde ...''

Nach 22 Jahren wird nun der Wettbewerb für die Ausmalung des Treppenhauses ausgeschrieben. Am 14. März schreibt er an Sander: „Die Dokumente bezüglich der zukünftigen Wandmalerei im Nationalmuseum machen mir viel Kopfzerbrechen. Ich stimme Wort für Wort dem zu, was Du in Deinem beiliegenden Protokoll am 1. Februar 1886 geäußert hast. Man hätte zumindest festlegen können, ob es drei oder ein Feld auf jeder Seite werden sollte. Ich würde 3 Felder unwillkürlich vorziehen und sie böten wahrhaftig einen hinlänglich großen Spielraum für mich.

Indessen meine ich, daß ich an diesem Wettbewerb teilnehmen muß, trotz der Tatsache, daß ich es sehr eilig haben werde, die dekorativen Malereien für Fürstenberg bis zur Weltausstellung fertigzustellen. Sobald meine Schule zu Ende geht - am 15. April - reise ich nach Paris, um dort den ganzen Sommer wie ein Sklave zu arbeiten; ich nehme meine Frau mit mir und schicke die Kinder und das Mädchen zu meinen Schwiegereltern."

Ein Jahr in Paris

„So waren wir wieder in der Weltstadt. In diesem Krach und Lärm. Sie schien bewegter als je zu sein, sie bereitete sich auf die große Ausstellung 1889 vor, wo der hundertste Jahrestag der großen Revolution gefeiert werden sollte. Ich war ja zu demselben Zwecke da. Bis zu diesem Zeitpunkt sollte mein großes Werk fertig sein und der ganzen Welt beweisen, was für ein Kerl ich sei. Mit Karin an meiner Seite sollte es keine Hindernisse geben und ich wollte meinen Willen und meine ganze, junge Kraft voll einsetzen. Dank Fürstenberg konnte ich ohne die kleinen Sorgen des Alltags in Ruhe und ohne Angst um das tägliche Brot arbeiten."

„Mitten in aller Arbeit wurde Pontus geboren. Dieses Mal hatte ich keine Zeit, mit dem Kleinen zu spielen, und vielleicht ist deshalb der Junge ein wenig mürrisch und stumpf geworden, so gut er auch sonst ist."

Aber „es gibt Ursachen, um trübsinnig zu werden, wenn man Zeit dafür hätte" – „Wie, in Himmels Namen steht das mit Ernst Josephson? Ist er wirklich geisteskrank? Das ist ja schrecklich. Ja, es ist schön, ein schwedischer Künstler zu sein! Bisher sind sie doch nur daran gestorben, meine Freunde und Kameraden." – „Und so glaubt das einfältige Volk, daß die Kunst ein Spiel sei! Nein, sie ist ein bitterer, harter Kampf, in die wunderbare Welt unseres Herrn

Ansicht von Paris. Aquarell, 1888. Nationalmuseum.

Eiffelturm im Bau, Ölgemälde, 1888.

einzudringen, zu lernen, sie auf eine Art zu sehen, wie sie noch keiner gesehen hat und - was fast noch schwerer ist, aber was doch das letzte Ziel ist - andere zu lehren, sie auf diese neue Art zu sehen."

Am 20. Juli faßt er in einem Brief an Pauli zusammen: „...die Schuld liegt nicht nur bei den talentierten schwedischen Künstlern. Wenn sie überhaupt Schuld daran haben. Denn, wie gesagt, alle, an die ich mich erinnern kann, haben versucht, *schwedische* Künstler zu sein. Aber wenn sie nach einiger Zeit mutlos oder geradezu gezwungen werden, das Weite zu suchen, so liegt die Schuld bei einem faden und uninteressierten Publikum und einer gewissenlosen Schar von krassen, müßigen und eifersüchtigen Künstlern, die den Patriotismus gepachtet haben, weil sie zu Hause herumlungern und nichts tun. Die Schweden wollen keine Kunst haben. Sie wollen Landsleute haben, die Auszeichnungen im Ausland bekommen und wollen im Kalender schöne Nachrufe auf die Künstler lesen. Die schwedischen Doktoren der Philosophie wollen im Nationalmuseum Fresken haben, zu denen sie die Ideen liefern und die sie dann beschreiben und numerieren können. Versucht mich nicht zu überzeugen, daß die norwegische Kunst so verdammt norwegisch ist. Sie haben alle in Deutschland und Frankreich, ja auch in Italien studiert. Die Sache ist die, daß sie alle miteinander gleich und nur norwegische Motive malen. Wir Schweden sind nun stärker international eingestellt, das sind wir immer gewesen und das verliert sich nicht bei uns. Gott weiß, ob die Gefahr letzten Endes so groß ist. Du sollst uns nicht nach den Ausstellungen beurteilen, die dieses Jahr in München und Kopenhagen stattfinden. Spät hat man sich auf sie besonnen, und sie wurden teils mit Unwillen, teils mit Lässigkeit von den schwedischen Künstlern begrüßt. Wie viele von uns fehlten dort und was wurde von denen, die daran teilnahmen, hingesandt? Die Norweger und Dänen dagegen waren allesamt da. - Über eine Sache müssen wir uns einig sein, daß die Schweden, die teilgenommen haben - wenn sie auch schlecht waren - besser gehandelt haben... und mutiger als die, die nicht teilnahmen. - Nun ist unsere ganze Hoffnung und unser Interesse auf die Pariser Ausstellung im nächsten Jahr gerichtet. Da werden wir zeigen, wozu wir fähig sind."

Das Fürstenberg-Triptychon

Dieser kecke Wille, die ‚moderne' Kunst zum Siege zu führen, prägt den Flügel des Fürstenberg-Triptychons. Als Symbol für die optimistische Arbeit wächst der Eiffelturm in die Höhe. Mit einer triumphierenden Geste hält der Jüngling den Schild der Moderne empor. Larsson selbst sitzt als Freiluftmaler da, der von dem Japaner angeleitet wird, aber der Vordergrund wird von seinem neuen Interesse, der Bildhauerei, bestimmt. Als Einfassung für

Moderne Kunst. Aus dem Triptychon für die Galerie Fürstenberg. Ölgemälce, 1888. Konstmuseum Göteborg. „Meine ersten Skulpturen", schreibt C.L. über die Reliefs, die zum Triptychon gehören. „...endlich Ton kneten zu können. Das ist wirklich herrlich!"

„In Sergels Atelier" und „Linné führt Lovisa Ulrika ein", Skizzen für die Fresken für das Nationalmuseum. Nach Zeichnungen von C. Hedelin in Ny Illustrerad Tidning, 1888.
Links: Renaissance, Skizzen für Fürstenbergs Triptychon. Ölgemälde, 1888.

das Triptychon modelliert er vier Reliefs, „meine ersten Skulpturen." Sie haben „wahrscheinlich große Mängel, aber ich glaube doch, daß sie stilvoll im Zusammenhang mit dem übrigen wirken werden, und das war der Grund, warum ich so sehr darauf bedacht war, sie selbst zu modellieren. Und ich bin Ihnen innerlich dankbar dafür, mir die Gelegenheit gegeben zu haben, endlich Ton kneten zu können. Das ist wirklich herrlich! Doch beginne ich, mich nach Farben zu sehnen."

Am 5. Dezember: „Nun bin ich mir darüber im klaren, daß auch die Renaissance fertiggemacht werden muß und auf die Ausstellung. Sicher ist, daß die Leinwand aufgespannt ist, eine neue Skizze gemacht worden ist und ich bereits seit einiger Zeit im Louvre herumhänge, um dort die primitiven alten Maler zu studieren, Giotto, Fiesole (Fesolle, wie ein Schwede einmal glaubte, daß er hieße), Ghirlandajo, Filippino Lippi und andere. Ich habe bereits mehrere kleine Kopien in Aquarell gemacht, um mich richtig in sie ‚einzufühlen'. Ich gedenke ganz und gar dieselbe Situation beizubehalten, sie nur symmetrischer anzuordnen, als diese alten Prachtkerle es zu tun pflegten. Ich mache eine äußerst genau ausgeführte Skizze, die bereits in schrecklicher Eile auf die große Leinwand geworfen wird. Wird es brennend eilig, so kann ein Sklave sie in einer Woche für mich machen. Ich meine die Zeichnung (die Vergrößerung) und die Unterlasierung. So wird ein Vergolder ganz Peru auf den Vorhang hinter die Frau und den ‚vergoldeten Schrein' bringen, den ein Königsmann unter ihren Fuß setzt. Ich bin gewissermaßen mit den beiden anderen festgefahren, und um nicht eine Stunde zu verlieren, habe ich ausgerechnet, daß es das Beste sei, gleich mit Heldenmut Raffael und andere Renaissancemaler zu nehmen."

Die Fresken für das Nationalmuseum

Er beschließt, an dem Wettbewerb für die Fresken für das Nationalmuseum teilzunehmen, aber die Zeit ist knapp. Gleichwohl schreibt er 14 Tage Arbeit ab und stellt einen Vorschlag für die eine Wand fertig, drei Kompositionen mit Motiven Karls XII. in Bender, der Tessins Entwürfe für das neue Schloß prüft, Bellman in Sergels Atelier und Linné, der Lovisa Ulrika in den Park von Drottingholm einführt. Am 12. Januar 1889 werden die Preise des Wettbewerbs verteilt. Ein erster Preis (800 Kronen) an Gust Cederström für ‚Ansgarius predigt das Christentum', ein zweiter Preis (800 Kronen) an Carl Larsson, ein Preis (500 Kronen) an Mårten Eskil Winge für sein ‚Nach der Schlacht bei Fyrisvall'.

Carl Larsson schreibt an Upmark: „Du äußerst einen gewissen Zweifel, ob meine Gemälde (Skizzen) sich so gut auf der Museumswand ausnehmen werden, wie sie sich in einem mit Spiegeln, Vergoldungen und dergleichen ausgeschmückten Raum machen werden. Aber wenn wir bestimmt haben, daß gerade jene geschichtliche Zeit – und mit Recht – auf einer Wand dargestellt werden soll, so kann das wohl geschehen und muß nicht verwundern, daß es den Charakter jener Zeit trägt. Ich glaube doch, daß, einmal vergrößert, das Hübsche, das in den kleinen Skizzen nicht vermieden werden kann, ganz und gar verschwindet. Zuallererst werde ich einen edleren Linné machen als den, der jetzt dort steht. Wenn ich Herr in Schweden wäre, würde ich Rosen eine Wand (Mittelalter) malen lassen, Cederström eine, Hellquist Gustav II Adolf (mit Gustav Vasa und Ehrenstrahl an seinen Seiten) und C.L. die Freiheit – und sie sofort damit beginnen lassen. Das würde stilvoll sein. Wettstreit und Künstlerleben! Eine Bank müßte das Geld vorschießen."

Neujahrskarte, Radierung, 1888: „Mitten in aller Arbeit wurde Pontus geboren. Dieses Mal hatte ich keine Zeit, mit dem Kleinen zu spielen, und vielleicht ist deshalb der Junge ein wenig mürrisch und stumpf geworden, so gut er auch sonst ist." Darunter: Prinz Eugen sitzt Modell, Kohlezeichnung, 1888. Waldemarsudde.

Ihnen diese Nachricht mitzuteilen. Bereits vor einigen Tagen war ich mit den Bildern fertig und habe nun gerade die letzten beiden Basreliefs modelliert. Der kleine Pontus (...) hat Modell gestanden. Das Baby hat geschrien und meine Frau hat geweint. Sie ist übermüdet und ich auch. Ich sollte in jubelnder Freude Purzelbäume auf allen Boulevards von Paris schlagen, bin aber so abgearbeitet, daß ich es nicht einmal schaffe, mich zu freuen. Meine Seele, ob jemals ein schwedischer Künstler gearbeitet hat wie ich dieses Jahr! (...) Jetzt werde ich mich aufs Land begeben und eine Woche lang nichts tun. Nur herumspazieren und die Natur genießen! Ich kann noch nicht glauben, daß es wahr ist." Karin und Pontus werden nach Grez vorgeschickt.

Ob im Osten oder Westen, in der Heimat ist's am besten

Im Herbst 1888 bekam die Familie das Häuschen in Sundborn, in das sich der Künstler einst verliebt hatte. Eine der alten Schwestern, die dort gewohnt hatten, war gestorben, „die andere wollte nicht länger in der Einsamkeit wohnen, und da erinnerte sich mein Schwiegervater daran, was ich ihm einmal gesagt hatte und schenkte mir das Häuschen mit allem was darinnen war.

Und dafür sei ihm Dank! Es grämt mich sehr, daß der von mir sehr geschätzte Prachtkerl gestorben ist, bevor er sehen konnte, welch ein Segen sein Geschenk für uns bedeutete. Denn es hat viel zu unserem Glück beigetragen. Dort wurde, je nach Zeit und Gelegenheit, jeden Sommer gezimmert und instandgesetzt. Meine Arbeit ging so leicht voran, ich bemühte mich, im Takt mit den Äxten und Hämmern der bäuerlichen Zimmerleute zu arbeiten. Jedes Bohlenstück, jeder Nagel und jeder Wochenlohn kostete mich einen bekümmerten Seufzer aber ich dachte: kommt Zeit, kommt Rat. Ich mußte das Häuschen so haben, wie ich es haben wollte, andernfalls würde ich mich nicht darin wohlfühlen und meine Arbeit würde darunter leiden. Das war mir klar."

„Ein kleines Haus will ich errichten" - Sehlstedt, dessen Werk sein nächster Illustrationsauftrag ist, gibt ihm auch den Wahlspruch für die Schilderung, die er Fürstenberg von seinem neuen Heim gibt: „Es ist frisch und schön. Die Gegend liegt hoch, die Wolken ziehen unterhalb der Fichtenwipfel. Unser Häuschen liegt ganz am Fluß, aber dieser ist so seicht, daß die Kinder getrost hineinfallen können, was sie auch machen. An einem Tag Suzanne und am anderen Ulf. Die Krebse kriechen an Land, so daß man sie ganz leicht greifen kann. Heute sprang ein kleiner Hecht auf den Anlegesteg. Ich fing ihn sofort. Wir haben zwei prächtige Kartoffelfelder und ein Feld mit Bohnen, ein wenig Dill und Petersilie, neun schöne Birken, Fliederbüsche in langen Reihen und zwei Ahornbäume. Das Haus besteht aus fünf Räumen, von denen einer als Vorratskammer verwandt wird, einer großen Küche, und einer der zwei Flure ist als ein richtig schönes Atelier eingerichtet. Wir sind natürlich das Gesprächsthema der Gegend.

Am vorletzten Tage des Jahres sitzt Prinz Eugen Modell für eine Kohlezeichnung. Dieser hält sich bereits seit Januar 1887 als Schüler von Bonnat und Puivis de Chavannes in Paris auf. „Er kam gut bei uns allen an, liebenswert und kameradschaftlich wie er war."

Das Triptychon ist fertig

Im April 1889 schreibt er an Fürstenberg: „Nun ist der letzte Handschlag an meinem Werk getan! Zusammengeklappt wie ein Taschenmesser sitze ich in einem Eckcafé um 11 Uhr abends, um

Als wir zur Kirche gingen, um einen weit bekannten Probst, der für seine Strenge berühmt ist, zu hören, kanzelte dieser mitten in der Predigt seine Gemeinde ab, weil sie die Fremden anglotzte und Bemerkungen über sie machte.

Indessen sind die Menschen mir gegenüber äußerst einschmeichelnd und sind nur freundlich. Im übrigen ist es mir ganz egal, was sie von uns denken. Natürlich glauben sie, daß ich - und vielleicht sogar meine Frau und die Kinder - merkwürdig aussehen. Ich finde, daß sie schrecklich bäurisch aussehen, und so sind wir quitt, werden nun bald lernen, uns einander zu verstehen und gute Freunde zu werden. Das ist ein ursprüngliches Volk, das hier, ‚an den Flüssen, auf den Bergen und Tälern' wohnt."

Wenig verlockend, um es zu malen

„Bereits vor einiger Zeit machte ich zusammen mit einem Flottenkommandanten, einem Kapitän und einem Leutnant eine Reise durch Wälder, Moraste und über Seen zu einem Ort in Finnmarken (Rättviks), der Bingsjön heißt. Es war unbeschreiblich, eine bald ernste, bald wilde Natur und Bingsjön selbst war fabelhaft, sowohl die Natur wie auch die Bewohner. Sie haben ihre Nationaltracht beibehalten, und überall in den Hütten waren Bauernmalereien und altväterliche Herrlichkeiten. Da wäre ich lieber als hier gewesen. Im nächsten Sommer lassen wir uns bestimmt dort nieder. Hier ist es auf vielerlei Art schön und stilvoll, aber wenig verlockend, um es zu malen. Ich habe ein mittelgroßes Bild gemalt, die Gartentür zu meinem Tusculum, (mit Ulf), es sieht aber häßlich aus. Nachmittagssonne."

Ulf in der Abendstimmung ist das erste einer langen Reihe von Bildern aus Sundborn, wo er mit der Zeit viel findet, das ‚zum Malen verlockt.'

Die Ausschmückung der Galerie Fürstenberg gibt ihm noch eine Arbeitsaufgabe. Für Hasselbergs Skulpturgruppen rund um die Decke werden sechs gemalte Lünetten benötigt. Carl Larsson muß eine davon, die die Elektrizität symbolisiert, machen.

Nun müssen die Skizzen für das Nationalmuseum umgearbeitet werden „und ich will sie so ausgeführt haben, daß sie mich dieses Mal wirklich zufriedenstellen, so daß ich sie auf die Wand übertragen kann. Ich lief in Stockholm auf der Suche nach einem Atelier herum, aber es gibt dort keins, das so groß ist, wie ich es brauche, nur kleine Löcher, die für malende Mädchen ausreichen, aber nicht für einen Mann, der malen will wie ein Mann."

Neue Gesichtspunkte für die Akademie

C.L. muß zu Studienzwecken ins Ausland reisen. Er wählt Paris. Auf der Hinreise sieht er die Notwendigkeit, seine Gesichtspunkte darzulegen. Er hat es zu etwas gebracht, besitzt sein eigenes Heim in Schweden, hat guten Kontakt zu den Stellen, die die Kunst pflegen. Er erprobt jetzt seine Stellung, indem er sich an

Ulf in der Abendstimmung, Ölgemälde, 1889.

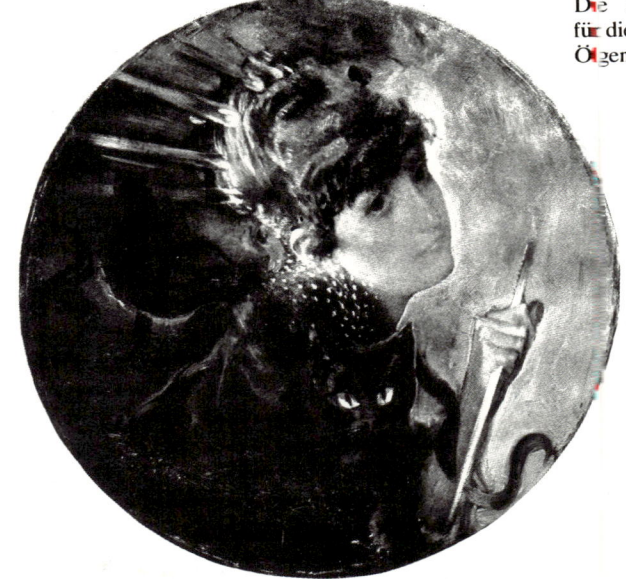

Die Elektrizität, Lünette für die Galerie Fürstenberg, Ölgemälde, 1889.

Vorschlag für die Wandgemälde im Nationalmuseum, Ölskizzen. Links: Karl XII. in Bender, 1889. Das Motiv ging aus dem endgültigen Vorschlag hervor. Rechts: Ehrenstrahl malt das Porträt Karls XII., 1891. Nationalmuseum.

zwei Gegenpole im Kulturleben wendet, an Viktor Rydberg und August Strindberg. An Rydberg, dem Mitglied des Ausschusses für die Wandmalerei für das Nationalmuseum, schreibt er: „Die Akademie hat jedes Jahr eine große Summe zu ihrer Verfügung, die für die Gehälter, für die Professoren, für nackte Modelle, Brennmaterial und Hausmeister verwandt wird. Zu diesen vier Posten ist nichts anzumerken, sofern sie nicht ausschließlich dazu verwendet werden, um jungen Männern und Frauen das Malen von Ölfarbenbildern beizubringen. Am liebsten Landschaftsbilder. Aber diesen jungen Leuten die bitterste Idee einzugeben von der großen Mission, die der Künstler hat, nämlich Priester der Kunst zu sein, hinauszugehen und allem Volk die schöne und frohe Botschaft der Kunst zu predigen. Nein! Und gerade in unserem kargen Norden, wo es dessen so außerordentlich bedarf. Denen zu sagen: kriecht in alle Löcher, in die Hütten der Armen und der Reichen und träufelt in deren Augen und Herzen eine Sehnsucht nach anmutigen Farben und schönen Formen, schnitzt Krüge und

Holzgefäße, schreinert Türen und Schränke, stürmt die Porzellanfabriken und jagt die Deutschen mit ihrer langweiligen Lutherkunst und Lutherreligion von darinnen (das gilt nun nicht besonders für die Porzellanfabriken, versteht sich) und lernt, die herrliche Materie zu lieben, blast das Glas in phantastische Formen, klatscht die von der Akademie hypnotisierten Ingenieure, die sich Architekten nennen, an die Wände. Ja, baue die Häuser selber, Maler, du, dessen Phantasie noch nicht durch die Nachahmung von Bauwerken abgetötet worden ist, von Bauwerken die die Architekten zumindest glauben, imitieren zu können (solche, wie sie an den Straßen erbaut werden, mon Dieu! Wenn man hier draußen in der Welt die herrlichen Originale sieht, die voller Leben sind, sollten - die Architekten - lernen, sie zu lieben und zu verstehen, aber nicht kopieren!).

Nun habe ich ein neues Blatt genommen, und der Satz, mit dem ich aufgehört habe, war so lang, daß ich den Anfang vergessen habe. So etwas kann ich sagen, aber nicht schreiben. Und doch ist es so bequem, das zu schreiben, was man sagen will, am liebsten einem Menschen wie Dir, weil es dann keine Widerworte gibt. Aber allen Ernstes, ich weiß, wie ich die Mittel des schwedischen Staates und der Stifter verwenden würde. Du kannst mir glauben, die Akademie würde einen lebendigen Geist atmen. Sie würde eine Werkstatt werden. Studenten der Antike und der Gotik, nackte und bekleidete Modelle, Drehbänke, Ambosse und Maler-staffeleien, alles durcheinander. Aber alle würden arbeiten - ich meine die Kunstfreunde. Kein Müßiggang und keine Langeweile. Keine Kriecherei vor den Lehrern, denn es würde sich nicht lohnen, weil die Stipendien fortgefallen wären. (...) Die Frau sollte sofort weg. Seit der Zeit, seitdem sie mit dem jungen Mann zur Akademie zugelassen ist, hat es da eine einzige Künstlerin unter allen diesen armen Frauen gegeben? Für mich nicht eine, die das geringste taugte. Ach, arme, ausgemergelte Elendsgestalten werden sie, oder bösartig und bitter, versteht sich, und Schwind-sucht bekommen die meisten. Außer denen, die heiraten (und das sind nicht viele, denn der Beruf steigert nicht ihren Reiz) sind diese die glücklichsten. Nein, ,der Kropf gehört dazu' sagt Andersen von der Springgans. Männer müssen es sein, denn die Kunst muß schöpferisch sein, und die passive, rezeptive Frau begreift nie, was Stil ist, wenn es um das Schöpferische geht. Nein, die Frau sollen wir an unserer Brust halten und zärtlich liebkosen und sie vor den allerschwersten Widrigkeiten der Welt stolz beschützen. Aber aus der Kunstakademie soll sie heraus - damit fangen wir an."

Zeit, die Tugend zu predigen, die Tugenden

Und an Strindberg schreibt er: „Glaubst Du nicht, daß es an der Zeit ist, die Tugend zu predigen, die Tugenden? Ich bin so verwirrt und fast beschämt, ein solches Wort in den Mund zu nehmen. Aber das wäre ja feige, nur aus Furcht, mißverstanden zu werden, etwas nicht zu sagen, was mich bewegt. Mit Begeisterung habe ich Deinen tapferen und gesegneten Kampf gegen die erbärmlichste Sünde, die Heuchelei, verfolgt. Du hast in Deinen Memoiren (oder wie soll ich sie nennen?) rücksichtslos das Schlechte und Schwache in Deinem Wesen enthüllt, so wie es wahrscheinlich niemals zuvor ein Mensch je gemacht hat. Nun solltest Du der Mann sein, um nach solchen Bekenntnissen das zwingende Gesetz der Tugend und des Edelmuts mit Posaunenstö-ßen zu verkünden. Nur den Menschen zu sagen, daß sie Luder sind, macht sie, glaube ich nicht besser, sofern man ihnen nicht danach sagt: ja, so verdammt sind wir, aber es gibt nichts, was uns nach einem demütigen Sündenbekenntnis hindert, mit einem besseren Griff die Dinge in Angriff zu nehmen und stolze, prächtige Menschen zu werden. Glaubst Du nicht? Du sagtest einst, daß Du zum Kritiker geschaffen bist, dazu und zu nichts anderem. Und da wäre es vielleicht blödsinnig von Dir, Dich stark zu machen und eine positive Tugendlehre herauszudonnern. Aber ich habe das Gefühl, daß dieses ewige Wüten und die Satire auf die Dauer nachlassen. Meine Kinder, die schnell heranwachsen,

zwingen mich, das Richtige in dem Wirrwarr zu suchen, ohne kindisch zu sein. Weißt Du, lieber Freund, was ich ihnen beibringen will und werde? Ja, nur das Streben nach Wahrheit (welch ein Wort!) und die Liebe zu allem und allen ist der richtige Weg zur Glückseligkeit. Lüge nie und sei gut und froh, das ist die Religion, die ich auf meine einfältige Art ihnen einprägen werde. Das ist noch nie genügend frisch und keck gesagt worden. Christus war ja auf vielerlei Art so gut, aber er war niemals froh ... Wir, die wir uns nur an die Erde halten, müssen das auf andere Art nehmen. Es ist eine der ersten Bedingungen, um in unseren Bund zu kommen, daß Mann und Frau einander liebhaben, aber immer bleibt der Satz, daß Betrug in der Liebe erbärmlich und nicht erlaubt ist. Ein Glas unter guten Freunden, verbunden mit einem kleinen Rausch, ist etwa einmal im Jahr fast erforderlich, aber sich jeden Abend in den Kneipen herumzudrücken mit oder ohne Musikbegleitung, ist eine dreckige Sünde, die dumm und schlapp macht. Ehrlich und furchtlos einem anderen zu sagen, daß man weiß, wie er ist, ist richtig, aber ihn unverschämt zu verletzen, weil wir nur annehmen, daß er nicht recht hat, oder nur deshalb, weil er anderer Ansicht ist oder eine andere Einstellung hat, ist Sünde. Ja, das ist es. Nein, nein, Liebe und Aufrichtigkeit, aber mit gutem Mut. Oh, Strix, wie die gegenwärtige Zeit langweilig ist, - und auch die Literatur und Kunst, vielleicht als Folge davon.

Hier in Amsterdam habe ich mich nun zwei Tage lang unter den alten holländischen Malern bewegt. Was für tüchtige und frische Käuze. Und was für Modelle, diese prächtigen, männlichen Bürgermeister und die Räte, die Offiziere und Soldaten, diese Zunftmeister für alle möglichen Handwerke und die Wohlfahrts-einrichtungen. Denn Meister mußten gefunden werden. Die Tüchtigsten und deshalb die Stärksten. Jetzt werden wir von Schacherern und Dummköpfen geführt ... Aber wenn wir die Sache tüchtiger angingen, weniger flennten und weniger verdam-menswert wären, würde das Ganze sich sicherlich zum Guten wenden und das Goldene Zeitalter würde eintreten. Nur relativ, versteht sich. Wir würden keine Angst haben, Schwedens gute Könige, prächtige Heerführer und tapfere Soldaten anzuerken-nen, was nicht daran hindert, jetzt ganz diese Berufe zu entbehren. Über die Republik spreche ich nicht, Du weißt, daß ich nie sehr für sie war. Aber wenn sie etwas taugt, so ist selbst sie gut. Der Sozialismus ist doch das letztlich Richtige. Ich werde so kolossal böse, wenn die Leute sich als Republikaner ausgeben mit dem Anspruch, damit als freisinnig angesehen und anerkannt zu werden. Du kannst zum Teufel noch mal sicher sein, daß Du unter den Anhängern der Monarchie eher solche Menschen treffen wirst, die wirklich den Fortschritt wollen, als unter den republika-nischen Gaunern, die nur dabei an bessere und häufigere Gelegenheiten denken, um hochzukommen. Nein, frei und froh, fromm, wenn es sich gut anlassen will, soll unser neues, gedachtes Gemeinwesen sein. Strix, lies diese Zeilen ohne Hohn wie ein Freund. Ich bin ja Maler und kein Schriftsteller, das ist Deine Sache zu ergründen, was Gutes daraus werden kann. Arte et probitate!"

Gustav III nimmt antike Bildwerke entgegen, Ölskizze für die Museums-
fresken, 1891. Nationalmuseum.

In Paris hat er Gelegenheit, das Triptychon auf der Weltausstellung wiederzusehen. Im großen und ganzen ist er mit seinem
Werk zufrieden. Er arbeitet an einigen kleineren Aufträgen, aber
vor allem beschäftigt er sich mit Skizzen für das Nationalmuseum.
Außerdem unterbreitet er einen Vorschlag für die andere Seite im
Treppenhaus, ,,mehr als Gegenstand der Erörterung als in der
eigentlichen Hoffnung, letztlich dessen glücklicher Schöpfer zu
werden.``

Am 4. Dezember schreibt er an Sander: ,,Jetzt kann ich
indessen über meine Skizzen sprechen - und das ist nun etwas, was
Dich interessiert. Du magst glauben, daß ich bezüglich der Dinge
und der Menschen ziemlich umgeschwenkt bin. Der Mittelteil ist
wirklich großartig mit der ,Gegebenheit des Hintergrundes, genau
nach der Natur aufgezeichnet' oder wie es im Protokoll heißt. Ja,
Du wirst schon sehen. Außerdem grüble ich (und um die Wahrheit
zu sagen, habe ich bereits damit begonnen) über den Skizzen der
gegenüberliegenden Wand. Wie auch in den vorhergehenden
Skizzen halte ich mich an Deine Motive. Ist es nicht vielleicht
zuviel Gottesfurcht, wenn man das Motiv mit Gustaf Wasas Bibel
und dem Kniefall Gustaf II. Adolf bringt?! Wie Du mir es
empfohlen hattest, bin ich nach Carlsberg gefahren, um es mir
anzusehen und Skizzen von dem alten, naiven Bild, von der
Landung zu machen.

Ich werde es doch mehr symbolisch-allegorisch-dekorativ und
doch ganz realistisch angehen; ein Radau mit Kanonen und
Pferden, die an Land gesetzt werden, deutsche Protestanten, die
hoffnungsvoll aussehen usw. Das Porträtieren von Carl XI ist eine
ausgezeichnete Sache!

Vorgestern war ich bei Cederström zu Mittag eingeladen. Wir
zeigten einander nicht unsere Skizzen. Ich weiß selbst nicht
warum, aber so ist es. All mein Trachten, meine ganze Freude als
Künstler richtet sich indessen auf diese monumentalen Malereien,
mit denen ich ein Werk zu vollbringen hoffe - so Gott mir
Gesundheit und Kraft verleiht - das meinem Andenken Ehre
machen soll, wenn ich einst aus dieser Welt abgetreten bin. (...)
An den Wänden hin und her zu rennen, je größer sie sind, desto
besser, läßt mir das Wasser im Munde zusammenlaufen.--- Nun
beginne ich mich so schrecklich nach den Meinen zu sehnen. Sie
wohnen in einem kleinen Häuschen in Dalarna. Ich glaube, ich
fahre mit Bergh, der in einigen Tagen reist, nach Hause. Die
Skizzen für die andere Wand vertragen es auf alle Fälle, daß man in
Ruhe über sie nachgrübelt.``

Was für ein grenzenloses Glück, bei den Meinen zu sein!

So reist er in die Heimat nach Sundborn zurück ,,Was für ein
grenzenloses Glück es ist, wieder zurück bei den Meinen zu sein.``

Als Carl Larsson sich ursprünglich in Sundborn verliebte,
geschah es deshalb, weil der Ort an Grez erinnerte. Als er
zurückkommt, um sich dort niederzulassen, spielt die Ähnlichkeit
nicht mehr eine so große Rolle. Er findet ,,wenig, das zum Malen
verlockt.`` Es zieht ihn weiter nördlich nach Bingsjö, 50 km
nördlich von Falun, wo er auf ein echtes schwedisches Arbeitsle-
ben und eine bewahrte schwedische Bauernkultur stößt. Von dem

Sei gut, sei froh!

Am 4. November schreibt er in einem weiteren Brief an
Strindberg: ,,Du sagst, daß Du mehr und mehr das bevorstehende
Ende siehst. Es muß einen wohl nicht daran hindern, eine lustige
Auffassung vom Leben zu haben, wenn man an dessen Ende
denkt? Aber sieh mal, ich beginne geradezu an das Leben nach
dem Tode zu glauben. An die göttliche Vorsehung glaube ich jetzt
blind. Das ist nun deshalb, weil mein Leben sich leidlich gut anläßt,
wie Du sagst, und so ist das nicht so verwunderlich. Könntest Du
jedoch in meine Seele sehen, so würdest Du sie bluten sehen, so
daß ich oft mit Wollust an das Ende denke. Du bist der einzige,
dem gegenüber ich so etwas erwähnt habe. Unter uns! Deshalb
mußte ich zum Leser werden, und in der Ekstase werden die
Erdensorgen so kleine, angenehme Reizmittel. Und so strahle ich,
erhebe mich froh und triumphierend, und wo ich auch hinsehe,
leuchtet es im Dunkel: Sei gut, sei froh! Ach, so etwas kann ich Dir
ohne Furcht beichten, weil Du Dich selbst von der Gottheit
durchdrungen fühlen mußt. Du, der Du lieben und hassen kannst
und so ...``

Die Winterhütte, Aquarell. 1890. Harpsund.

Mondänen und dem Städtischen, von dem Frühlingshaften und Sonnenfreudigen in Frankreich wendet er sich dem nordisch Traditionsgebundenen, dem häuslichen Leben zu, am liebsten im Abendlicht.

Am 20. Februar schreibt er an Fürstenberg: „aus den Tiefen der Urwälder unter den Finnen Rättviks. Jeden zweiten Sonntag kommt der Pfarrer hierher und predigt - soweit er sich durch den Schnee durcharbeiten kann - und dann nimmt er die Post in seiner Hintertasche mit sich. Dann geht sie von einer Milchsammelstelle zur anderen bis nach Falun. Wir sind der Hungersnot nahe, aber jetzt wird ein Hammel für die Künstler geschlachtet werden. Aber welch ein prächtiger Ort für einen Maler! Einmal ist die Natur großartig und wild, mit den eigentümlichsten Umrissen der Berge und Wälder. Die Leute halten an ihren altertümlichen Vorrats-häusern und ihren langen Zaunlatten fest, und alles andere ist so wie in den alten Tagen. In den Hütten findet man Wandmalereien mit Motiven, die der Bibel entnommen sind. Da sieht man Salomon in all seiner Pracht (der Amtmann von Falun mit Dreispitz) und die Kreuzabnahme Christi durch die Kerle von Leksand (vermutlich die Todfeinde der Finnen von Rättvik zu jener Zeit). Die Tracht wird weiter beibehalten, und es ist außerordentlich lustig, eine Schar Kinder auf dem Wege von der

Schule zu sehen. Schafsfelle und rote Röcke. Und freundlich und intelligent sind sie, diese Rättvikfinnen. Und keine Person von ‚Stand‘ auf viele, viele Kilometer, Gott sei Dank. Hier arbeite ich nun auch mit Lust und Freude. Ich stehe um 7 Uhr morgens auf und arbeite bis 11-12 Uhr abends. Ich arbeite auch bei Licht - nur Versuche, aber man muß es doch versuchen. Karin kocht und wirtschaftet herum. Sie hat spinnen und weben gelernt und wird mächtig für ihre „schnelle Auffassungsgabe“ bewundert. Suzanne ist von morgens bis abends mit einem Jungen, der Olle heißt, zusammen. Meistens sind sie im Kuhstall. Ich bin bald mit einem Aquarell fertig, von dem ich glaube, daß es gut ist (unter den besten, die ich gemalt habe). Es ist ein Interieur mit Frauen, die spinnen und stricken, einem Jungen, der Kleinholz macht, eine Magd, die ein Butterbrot macht und Suzanne, die Angst vor einem Hund hat. Außerdem arbeite ich an dem Motiv einer sonnenbe-schienenen roten Wand, das nicht schlecht zu sein scheint.“

Und doch, zu Hause auf Hyttnäs in Sundborn standen nur „einige dauerhafte Birken und einige Fliederbüsche sowie ein Kartoffelacker. Aber das nannte ich mein! In freien Stunden und mit kleinen Ersparnissen setzten wir es instand. Karin und ich, mit der Hilfe der Dorfzimmerleute und des Schmiedes und Maurers und Malers, ein wenig hier und ein wenig dort; der kleine Pontus

Im Treppenhaus des Gymnasiums für Mädchen, der heutigen Engelbrektsskolan in Göteborg malte C.L. 1890 ‚Die schwedische Frau im Laufe der Jahrhunderte.‘ Hier: ‚Bei den Bautasteinen.‘

saß so artig auf der Erde und fühlte sich wohl, Karin küßte mich im Vorübergehen und draußen im Garten spielte und tobte Suzanne mit dem drolligen, watschelnden Ulf, und die alte Anna Damberg paßte auf, daß sie nicht in den Bach fielen.

Unser junges Glück war groß, grenzenlos. Ich begann in die Kirche zu gehen und Gott zu danken, so glücklich war ich.“

1888 hatte Albert Bonnier Carl Larsson vorgeschlagen, eine Auflage von Sehlstedts ‚Lieder und Weisen‘ zu illustrieren; das Projekt wird jetzt wieder aufgenommen. Um Vorstudien zu betreiben, fährt er im Mai nach Sandhamn. „Ich habe auf dem Boden des Zollhauses die Möbel gefunden, die Sehlstedt in seinem Arbeitszimmer hatte. Im übrigen gibt es hier eine Menge von entzückenden Motiven - sie waren wohl weniger idyllisch zu Sehlstedts Zeiten; nun sind hier überall kleine Gärten und Neuanpflanzungen.“

Die Geschichte der Frau

Zu Neujahr hatte Carl Larsson im Zusammenhang mit dem Triptychon einen Besuch in Göteborg gemacht. Fräulein Hedda Key, die Schwester von Ellen, bat zur gleichen Zeit Fürstenberg um ein Gemälde für das dort neuerrichtete Gymnasium für Mädchen. „Das sah ich (. . .) als eine epochemachende Anregung an. Gewiß hatte Fürstenberg bereits vorher - ich glaube, als einziger - die Kosten für die Ausschmückung der Realschule derselben Stadt übernommen, aber ich bin doch störrisch genug, meine Malereien in der Mädchenschule als den Zeitpunkt zu bezeichnen, zu dem die Kunst, die Glücksbringerin, die Schulräume betrat. Gott segne die Lehrerin (. . .), die vor Pontus Fürstenberg trat und auch um einen kleinen Farbtupfer auf den kahlen Wänden bat. Pontus Fürstenberg nahm seine Göthilda und mich mit sich.

Als wir die Tür geöffnet hatten und in der durch das ganze Gebäude gehenden Vorhalle standen, krampften sich unsere Herzen vor diesem Triumph der Langeweile zusammen.

Sowohl er als auch sie machten eine Kehrtwendung und segelten wieder heraus mit einem ‚na, mach ihr ein kleines Bild über der ersten Tür, mehr ist dieses schauderhafte Haus nicht wert.‘

Das Haus nicht, aber die Kinder! dachte ich.

In allertiefster Heimlichkeit maß ich Wände und Decken aus und in noch größerer Heimlichkeit fertigte ich in jenem Sommer hier in Sundborn die Kartons und Skizzen an, die nicht einen Millimeter der Schulvorhalle unausgemalt ließen. Nur die Treppenstufen durften so bleiben, wie sie waren.“

Die Strindbergsche Anregung zu einer Illustration von ‚Das schwedische Volk an Wochen- und Feiertagen‘ 1882 - das Leben der Frau zu verschiedenen Zeiten und in verschiedenen Ländern - liegt sicher der ersten Idee dieser Ausschmückung zugrunde, aber als er im Juli die ersten Skizzen abschickt, schreibt er: „Ich habe nach reiflicher Überlegung meine Pläne und Ideen umgeworfen. Das Ganze wird die schwedische Frau in verschiedenen Zeitaltern.

Göthilda Fürstenberg, Aquarell, 1891. Konstmuseum Göteborg.

In dem kleinen komischen Gang gleich rechts beim Eingang zwischen den Treppen male ich mit leichter Hand die Frau der Steinzeit - ziemlich primitiv. Die Bronzezeit bekommt nur eine Landschaft und Küchengeräte aus jener Zeit sowie eine stilgerechte Borte (Spirale). Dann die ältere Eisenzeit mit einem Bautastein, einer Witwe und kleinen Kindern. Dann die jüngere Eisenzeit oder richtiger der Übergang zum Mittelalter (ungefähr 1100) mit einem webenden jungen Mädchen. Diese Wand war ein wirklicher Prüfstein mit ihren unangenehmen drei Fenstern. So, wie ich es jetzt angeordnet habe, glaube ich, daß sie gut aussehen wird, wenn auch recht launisch (mit einem kleinen Mädchen, das illusorisch gemalt werden muß). Diese sind die jetzt übersandten Skizzen. Das Mittelalter soll durch eine Santa Birgitta repräsentiert werden (als Gegenstück erhält sie aus unserer Zeit Fredrika Bremer, beide gebildete und epochemachende Frauen). Diese sollen in der allberuntersten Halle einander gegenüber gemalt werden. In der ersten Halle wird eine Frau aus unserer Großmacht-Zeit entstehen. In den obersten zwei großen Feldern werden es die Frauen aus dem Rokoko und der Revolutionszeit sein. Zwischen die drei obersten Fenster werden einige moderne, fröhliche Mädchengesichter gemalt. So, lieber, guter Maecenas, habe ich mir die Angelegenheit gedacht, und es ist schrecklich aufreizend, daß der Maler in Göteborg mit seinen Preisen Dumping betrieben hat, bevor ich Ihnen alle Skizzen zeigen konnte. Nun ist die Frage, wieviel Vertrauen Sie zu mir haben und ob Wagner anfangen darf zu malen. In etwa einer Woche können nun die übrigen Skizzen fertig sein (aber es kann sich auch ein paar Wochen hinziehen). Ich hoffe gleichwohl, daß das Ganze innerhalb des Monats Oktober fertig werden kann. Aber ich bin sicher, daß das ein Erfolg für uns werden wird. Es wird keine Bizarrerien geben, weder in den Motiven noch in der Farbe. Aber gleichwohl ,höchst originell'.“

Ende August fährt Larsson nach Göteborg, um die Malereien auszuführen. Er schreibt an Karin: „Ja, weißt du, Mädel, ich glaube bald wie Du, daß ich Ehre mit dieser Schule einlegen werde. Sieh mal, es ist so, wie die Leute es begreifen. Nun magst Du sicher sein, daß ich mein Triptychon vielfach höher als Kunstwerk einstufe . . .“

Im Januar kehrt C.L. nach Sundborn zurück, wo Karin während seiner Abwesenheit das Heim instandgesetzt hat. Die Einrichtungsarbeiten werden fortgesetzt und im Sommer wird ein neues Atelier Wand an Wand mit dem alten Gebäude errichtet. Für die wachsende Familie wird auch mehr Raum benötigt. Im Februar wird Lisbeth - das vierte Kind - geboren. Bevor er sein Atelier in Sundborn bekommt, benötigt er einen hinlänglichen Raum für seine Arbeit an den Malereien für das Nationalmuseum. Am 1. Mai 1891 muß der Vorschlag eingereicht sein. Der Vorschlag Carl Larssons erhält den ersten Preis. Das praktische Ergebnis des Wettbewerbs ist indessen nicht groß. Nichts wird beschlossen. Carl Larsson ist ziemlich resigniert, als er am 22. März 1892 einen Brief Upmarks beantwortet: „Du sagst da unter anderem, daß viel davon abhängt, inwieweit ich gewisse Zugeständnisse oder Änderungen bezüglich meines Vorschlages machen will.

Sieh mal, für mich ist es die Hauptsache, daß die untere Halle die Zeit Karls XI. bis zur gustavianischen Zeit umfaßt und daß alle sechs Felder kunsthistorische Motive darstellen. Dann kann ich gerne mit mir reden lassen. So z.B. wenn Du oder jemand anderer, ich besinne mich nicht recht wer, Logården statt der Korvette Gripen (ich glaube, sie war es) vorschlägt. Doch, und daran muß ich festhalten, kann ich nicht einen Zoll nachgeben, wenn ich selbst davon überzeugt bin, daß das Thema zur Behandlung geeignet ist, wenn man mich nicht eines Besseren belehren kann, daß irgendein anderes Thema besser ist. Aber es ist so, daß ich immer dankbar für Anregungen, Kritik und Rat bin, wenn sie aus ehrlichem Herzen und klarem Verstand kommen.“

Im Juni befindet er sich als Mitglied der Kommission für die nordische Ausstellung wieder in Göteborg, und ab September hält er sich für längere Zeit in Göteborg auf, nachdem man ihn überredet hat, sich von neuem um die Kunstschule Valand zu kümmern.

Fürstenberg stellt der Familie Lilla Katrinedal vor der Stadt zur Verfügung. Er erteilt auch Carl Larsson den Auftrag, ein Porträt von Frau Göthilda zu malen. Das große Aquarell wird im Dezember fertig.

Das Hohnlachen

Ein Ausspruch im Kalender ,Nutid': ,, ,Teufel', sagst Du, ,die gibt es, verdammt noch mal, nicht!' "

,,Ja, Du: ich kenne einen, den ich öfters einmal sehe. Das ist gerade das Hohnlachen. Es hat auch andere Namen: Sitte des Betrügers, und heißt dann entweder Humor, oder Satire, oder gute Laune. Vielleicht ist es vom selben Stamm, ist aber in dem Fall das räudige Schaf der Familie. Es genießt indessen viel soziales Ansehen und gehört im höchsten Maße der Oberschicht an. Aber eines Tages sah ich den Schwanz des Gauners, und da war der Zauber gebrochen; denn selbst ich hatte lange geglaubt, daß es ein feiner Kerl sei. Da rückte ich ihm näher auf den Leib und bemerkte den starken Atemzug aus seinem unreinen Mund. Nun habe ich ihm einen hoffnungslosen Krieg geschworen, denn ich weiß, es wird mich und alle ungeborenen Nachkommen, die mich als ihren Ahnherrn ansehen, überleben. Aber die Vision des Ahnherrn, Schwanz, soll wie eine Tradition weitergehen, wie ein geistiges Vermächtnis, durch die Geschlechter, und soll mich zumindest für den Himmel retten, wenn ich auch dafür die Hölle auf Erden habe. So stark ist mein Haß, daß, wenn ich in meiner Phantasie meinen letzten Nachkommen sehe, der den endlich abgehauenen Schwanz des Hohnlachens, das verblutet, in der Hand hat, sich meine Seele mit Jubel erfüllt und ich sehe Frieden auf Erden für die Menschen, die guten Willens sind. Der Mohr hat seine Pflicht getan und kann gehen, wenn es so wäre bis in die Ewigkeit."

,,So hörte ich einen Mann in stolzem Zorn gegen die Gemeinheit, die Jagd nach dem Glück, die Lüge und die Kriecherei wüten. Er war schön anzuschauen, mit funkelndem Blick und einer donnernden, vor tiefer Rührung zitternden Stimme und einer vor dem großen starken Schlag des Herzens keuchenden Brust... Als er auf einmal etwas Bedrückendes und Beschwerendes empfand, - er wußte nicht recht, was - und das Hohnlachen erblickte, das lächelte, den Kopf zur Seite legte, mit den Augen zwinkerte und so außerordentlich lächerlich aussah, erinnerte der edle Mann sich an seine unbezahlten Rechnungen, an einige gemeine Notlügen und - seine Zukunft, von der er abhing, und erschlaffte. Die Gemeinde, die sich gerade erbaut gefühlt hatte, sprach nun untereinander von Aufwieglern, die es sich zum Lebensziel setzten, die Massen gegen die im Grunde prächtigen Drohnen aufzuhetzen. Am Morgen darauf stand es in den Zeitungen, daß das Hohnlachen Kammerherr geworden war. Es hätte jetzt des Fürsten Ohr; der arme, gute Fürst hatte solche Angst, dumm und empfindsam zu erscheinen, er grinste, und mit ihm grinsten alle Hofherren und seine Gemahlin

und die Hoffrau. Danach die ganze Nation. Die einfachste, harmloseste Kreatur im Urwald, die Land urbar macht, arbeitet mit Hohnlachen in den Mundwinkeln. Der Pfarrer am Altar hat es auch.

So steht die Sache im Augenblick. Das gute, frische Lachen. Wo ist es? Still, das Hohnlachen hat selbst Mord begangen: Das Herzenslachen gibt es nicht mehr! ,Leben um Leben'. Das Hohnlachen muß weg aus dieser Welt."

Sehlstedts Weisen

Als Ritter für das aus dem Herzen kommende Lachen fühlt er sich, als er durch seine Illustrationen dazu beiträgt, Elias Sehlstedts Evangelium zu verbreiten.

,,Sieh froh aus" ist das Einleitungsgedicht des Buches und Carl Larsson unterstreicht die Ermahnung mit seinem eigenen lächelnden Selbstportrait in einer Ecke. Im übrigen verstreut er seine Zeichnungen über die Buchseiten und ist zufrieden mit seiner Arbeit.

Als er einen Probedruck von den Farbbildern bekommt, schreibt er an den Verleger: ,,Kann man so seine Kunstwerke in die Welt setzen, so fragt man den Teufel danach, Bilder zu malen. Das ist wahre Demokratie! Oh, Jesus, wie bin ich froh." Ein paar Monate später ist er unsicherer: ,,Weißt Du, ich habe wirklich etwas Bedenken, wie das Sehlstedtbuch mit meinen Zeichnungen einschlagen wird. Ich habe es wirklich ehrlich genug gemeint und es so gut gemacht, wie ich konnte, habe aber Angst, es ist für den erbärmlichen Geschmack des Volkes nicht erbärmlich genug. Der

Vignette für Sehlstedts
,Lieder und Weisen', 1893.

Wie ein Schiffsbug war die Stirne,
die Nase wie ein Doppelblock,
auf den Schultern saß, man zürne!
Der Hals g'rad wie ein Ankerstock.

Die Faust geballt war immerzu,
verknüpfet wie ein Seemannsknoten.
Und wenn er sprach mit seinem Maul
so waren's Flüche nur und Zoten.

Illustrationen zu „Kapitän Ruff" und „Die Reise nach Norrland" aus Elias Sehlstedts ‚Lieder und Weisen', 1893. Die Zeichnungen und Aquarelle wurden in den Jahren 1891-92 ausgeführt.

Sonntagsnisse, Jenny Nyström und die deutschen Kitschzeitschriften haben bei den Leuten hierzulande allen natürlichen Kunstsinn vernichtet."

Dieses Anathem über den verlorenen Kunstsinn des Volkes wird der Text einer Predigt in ‚Nornan', wo er den traurigen Zustand in der praktischen Welt des nichtkünstlerischen Menschen beschreibt.

„Das Pferd wird zu einer Lokomotive umgeformt, die weichen Formen der Katze zur einfachen Form einer Rattenfalle. Die Gestalt des Hausschweines war von den Menschen bereits so verstümmelt, das es dabei nur noch nötig war, dessen kleines Ringelschwänzchen wegzunehmen. Dasselbe gilt für die Kuh, die ihre schönen Augen durch Emailleaugen ersetzt bekam. Das Huhn verlor seine Federn, die in einem Säckchen neben der Eierlegemaschine hängen. Und so weiter.-- Nun hatte er es, wie er es hatte, der Durchschnittsmensch, und müßte zufrieden damit sein.

Denn der ‚Touristenstrom', nach dem er sich so lange gesehnt hatte, kam endlich hierher. Alle wollten das wunderbar praktische Land sehen, in dem das Schöne keinen Platz hatte.

Aber die Sache war die, daß der Mensch sich nun wirklich enttäuscht und unlustig fühlte und dachte: Das Schöne ist vielleicht doch etwas Notwendiges!

So daß nun Sankt Lukas kommt . . .

Diese Zeilen wurden von Carl Larsson, einem wütenden schwedischen Maler, verfaßt."

Unten: Die Landung Gustav II Adolfs auf Usedom in Pommern 1630. Skizze. Bleistiftaquarell 1891. Nationalmuseum. Das Motiv wurde niemals ausgeführt. ‚Mittwinteropfer', das niemals angenommen wurde, nahm statt dessen Carl Larssons ganzes Interesse in Anspruch.

Der Tag vor Weihnachten, Aquarelltuschzeichnung, 1892. Carl Larsson-gården, Sundborn. Links: Die Meinen, Aquarell, 1893.

Pfui Teufel, welch ein Sommer!

Die Arbeit für das Buch von Sehlstedt nahm viel Zeit in Anspruch, ebenso die Lehrtätigkeit in Valand. Er wird eingeladen, Fürstenberg auf einer Auslandsreise zu begleiten. Sie fahren durch Deutschland nach Venedig, danach nach Paris. Aber dort ergreift ihn das Heimweh und er begibt sich Hals über Kopf zurück nach Sundborn. Seine Lebensweise dort schildert er in einem Brief an den Mäzen: „Und so fragen Sie nach der ‚Ernte‘! Oh, oh, oh, das ist nur traurig! Das Wetter ist gewißlich schlecht genug gewesen, so daß ich im Notfall die Schuld darauf schieben könnte, aber vor Ihnen will ich nicht der Wahrheit ausweichen und ehrlich zugeben, daß ich noch schlechter bin. Wenn ich nur etwas anfasse, so mißlingt es. Ich wimmere und weine fast, aber es hilft nichts. Aber Wut und Selbstverachtung auch nicht. - Indessen wird es wohl so sein, daß im Nachsommer alles besser wird, wenn die Farben schöner werden. Ich habe eine freche und dumme Maschine in Arbeit - etwas dekorativer Natur - aber will noch nicht die Karten aufdecken, bevor ich sehe, daß ich damit zu Rande komme.

Pfui Teufel, welch ein Sommer! - Die Tage vergehen, der eine wie der andere. Am Morgen springt man in den See, ißt seinen Haferbrei und betrachtet jede Blume und jedes Blatt seines Besitzes, um festzustellen, ob sie über Nacht gewachsen sind. Dann hinaus mit Staffelei und Stift auf Motivsuche. Mittagessen um halb zwei. Dann die Arbeit an einer Illustration bis 5. Dann Kaffee und Kuchen. Dann das Malerzeug genommen, zwei angefangene Aquarelle in der Faust, begleitet von Karin, die den Essenskorb trägt. Es ist ein gutes Stück Wegs von zu Hause zu einem Nachbardorf. Dort male ich an dem einen Bild bis gegen 8 Uhr. In der Zwischenzeit hat Karin Feuer gemacht und Eier und dergleichen gekocht. Wir essen. Dann geht es weiter mit dem anderen Bild, bis es so feucht und dunkel wird, daß es unmöglich ist zu malen. So stiefeln wir fröhlich nach Hause. Wir locken die Enten und Hühner herein und gießen die Blumen, wenn es zufällig ein Tag ohne Regen gewesen ist. Karin sagt Gute Nacht und ich sitze in meinem Atelier und hege schrecklich dunkle Gedanken, bis ich auf alles pfeife und mich auch hinlege. Die Nacht ist abwechslungsreich, kleinere Perioden des Schlafes, Mückenmord und Bauchmassage im Morgengrauen.

Jeden zweiten Tag kommt die Post und da ärgert man sich blau über die grünschnäbeligen norwegischen Radikalen."

In der Fremde und zu Hause

Die „freche und dumme Maschine", die er in Angriff genommen hatte, wird eine Kombination von Intimität und dekorativer Vergrößerung. Als das Fürstenbergsche Triptychon endgültig aufgestellt wird, geht man von dem von Carl Larsson vorgesehenen Rahmenarrangement aus. In eines der verbleibenden Rahmen setzt er nun pfiffig ein Portrait der Familie in Sundborn - „De Mina" - „Die Meinen".

LÄSARPRESTEN.

Das Lesen ist wie eine Sucht,
verbreitet über Land und Meer.
Woher kommt sie, die verrucht,
früher unbekannt, wohl her?

Er beschreibet, wie sie brennt,
die Hölle und das Schwefelmeer.
Da er sie so prächtig kennt,
kommt er vielleicht von dort her.

———

Sanft kräuselt der Wind
den Spiegel der Bucht.
Während Äols Odem
mein Segel sucht.

Vor der Kreuzfahrt en brannt ich,
mit frischem Zug
die Zigarre. Auch die Jungenten hatten
vom Bleiben genug.

Illustrationen zu Sehlstedts ,Weisen'.

ROMANS i FJÄLLBYGDEN

Die Festung Marstrand, Aquarell 1893.

Im Herbst 1892 kehrt er wieder nach Göteborg und Valand zurück, aber bereits im April 1893 schreibt er an Georg Pauli: „Man hat mir von verschiedenen Seiten gesagt, daß die Frage der Ausmalung des Museums so weit klar ist, daß sie mich bald anfangen lassen werden. Deshalb will ich nicht ein weiteres Jahr an Göteborg gebunden sein und so treibt mich mein Drang zum Wechsel wieder für eine Zeitlang nach Stockholm.

Nun ist meine Frage, inwieweit Du möglicherweise den Drang zu einer Veränderung verspürst und meine Stelle an der Zeichenschule des Museums Göteborg übernehmen willst. Was würdest Du dazu sagen? Das muß ich sagen und beteuern, daß wir uns außerordentlich wohl hier gefühlt haben. Ich liebe meine Schüler und das Atelier ist außerordentlich angenehm. Man trifft hier wirklich viele prächtige Menschen. Deine Frau malt doch herrliche Porträts und das ist genau das, was man hier in Göteborg braucht. Die Bedingungen für die Schule sind ein kostenloses Atelier und 700 Kronen (glaube ich) - aber die Gebühren, die die Schüler zahlen, machen den Kohl fett, deren Monatsgebühr beträgt 30 Kronen, die für Dich sind, dafür erteilst Du 3 - 4 mal in der Woche kostenlos Unterricht. Die Heizung ist gratis (oh, ich habe es so verdammt eilig). Das Semester kannst Du nach eigenem Gutdünken auf sechs Monate im Jahr verteilen.

Antworte mir umgehend! Willst Du nicht, so schlage mir jemand anderen vor. Aber einen Fortschrittlichen! Einen lebendigen und guten Mann." Pauli beschließt, die Stelle anzunehmen und sie kommen überein, daß Carl Larsson Paulis Atelier in Stockholm, Stora Glasbrüksgatan 15, übernimmt.

Den Vorsommer verbringt C.L. in Marstrand, wo er den malerischen Reichtum genießt: „Das ist etwas anderes als das dürftige Sundborn."

„Hier seht ihr das Innere einer aufgetakelten Fischerhütte, die an Sommergäste vermietet wird. Wir haben sie zeitig im Frühjahr ganz umsonst bekommen und dort wurde Brita geboren. Ich vergaß zu sagen, daß es in Marstrand war. Die arme Karin hat sich ganz in die Sofaecke verkrochen und es sich dort so gemütlich wie möglich gemacht.

Kluck-kluck, macht es. Das ist die zwei Wochen alte Brita.

Draußen scheint die Maisonne, aber Karin sieht dunkel und ernst aus.

Karin mit Brita an der Brust, Aquarell 1893. Waldemarsudde.

Gräbt sie vielleicht in der Verborgenheit der Zukunft nach dem Glück und der Wonne für die Kleine an ihrer Brust? Das glaube ich nicht, dafür ist sie zu klug, die Karin, um dazusitzen und Wunschträume zu haben, aber es kann sein, daß sie das eine oder andere im Zusammenhang mit dem Kind denkt, (...) - wenn sie nicht nur daran denkt, was sie mir zum Mittagessen vorsetzen soll."

So kehren sie Mitte Juni nach Sundborn zurück: „Auf unserem Hof war die Fahne mit dem Wimpel gehißt. Die Dorfbewohner empfingen uns mit Winken und Jubel. Unser stattlicher Hahn, der schon geschlafen hatte, krähte vor Schreck. Und in welcher sommerlichen Pracht unser kleines, schmuckes Häuschen dastand! Neue Bäume waren gepflanzt worden und die alten waren so freundlich gewesen, für uns ein wenig zu wachsen. Die Stachelbeersträucher waren voller Beeren und die Fliederbüsche

voll mit ihren zweierlei Blüten. Die Hühnerfrau Anna kam auf ihrer Krücke, knickste und weinte, und das neugedingte Mädchen aus Svärdsjö spielte auf der Gitarre, während wir die Abendmahlzeit an dem Steintisch unter dem Kirschbaum einnahmen. - Gestern packten wir aus. Heute wird die Arbeit wieder beginnen!"

Er setzt die Einrichtung des Hauses fort, aber das Geld geht ihm aus. Er macht die Zeichnungen für die Sehlstedtausgabe nach einer Blitztour durch das östliche Schweden, wo er Motive auf den Spuren Sehlstedts sammelt, fertig. Er zeichnet Karikaturen für Zeitungen und Kalender und malt ein Portrait seiner Mutter, die in Sundborn einen Besuch macht, später auch ein Bild von Suzanne.

Aber er fühlt, daß er einer Aufmunterung bedarf: „Was ich gerade jetzt bräuchte, wäre eine große Medaille, verdient oder unverdient, das wäre gleich, wenn ich nur eine bekäme."

Er schickt einen Hilferuf an Bonnier: „Nun muß ich bereits mit

Mutter, Aquarell, 1893, Nationalmuseum

Sonnenblumen,
Aquarell, 1893

dem Vorschuß anfangen. Ich habe mir einen großen Kartoffelak-
ker und drei Waldstücke sowie einen alten Schrank gekauft, so daß
ich jetzt in den roten Zahlen stecke."

Singoalla

Die Arbeit, um die es nun geht, ist eine Illustration von Viktor
Rydbergs ‚Singoalla'. Im September schreibt er an Rydberg: „Ich
habe das Buch wieder und wieder gelesen und sehe Deine Figuren
so lebendig vor mir. Und so ungeheuer dankbar! Wenn ich mich
nicht irre, liegt es Dir besonders daran - außer daß ich ‚Deinen
Kerl schön' male - daß der See und die Gegend wahrheitsgetreu
wiedergegeben werden. Teile mir in einigen Worten Deinen
Wunsch in dieser Hinsicht mit sowie auch alles andere, was Du mir
raten und erklären willst.(...)

Meinst Du Nydala? und willst Du es so schnell haben, so werde
ich es sofort machen, bevor der Winter kommt.

Aber wo soll ich eine Zigeunerkapelle ausfindig machen?

Denk Dir, daß ich bereits vor fünf Jahren eine ganze Menge
Zeichnungen einer solchen Serie gemacht habe (von der Gegend
von Varberg), daß ich sie aber teilweise weggegeben habe (an wen,
erinnere ich mich nicht) und daß sie mir teilweise gestohlen
wurden. Meister, es geschieht mit brennender Lust, aber mit
demütiger Besorgnis, daß ich mich daranmache, die herrliche
Dichtung zu ‚illustrieren'!

Aber Du bist so gut und soviel Künstler, daß ich es mir
gleichwohl zutraue, Dich mit dem, was ich machen werde,
zufriedenzustellen."

Er bittet Warburg, seine Zigeunerzeichnungen in Göteborg
ausfindig zu machen, und zwei der Zeichnungen werden wiederge-
funden.

Am 27. September schreibt er erneut an Rydberg: „In einigen
Tagen werde ich mich in die Moraste und Wälder deines Småland
begeben. Ich werde genau an alles denken, was Du sagst!

Du sollst sehen, das wird Dein Singoalla. Wir werden die
Illustrationen zusammen machen." Und nach einem Monat: „Nur
mit ein paar Worten will ich Dir sagen, daß ich hier in der Gegend
von Nacka und Saltsjöbaden herumrenne, um hier einige Details
der Natur zusammenzubekommen, bevor alles Laub von den
Bäumen abgefallen ist. Dieses für Singoalla. Weißt Du, ich war
auch unten in Småland, in strömendem Regen, durch Morast und
Elend. War auch unten in Nydala."

Monumentale und intime Aufträge

Am 2. Februar 1894 beschließt die Regierung, Larssons Plan für die Ausschmückung des Nationalmuseums zu billigen: kunsthistorische Motive in der ganzen unteren Treppenhalle. Cederström erhält den Auftrag für das Bild Gustav Wasas, lehnt aber ab, da er nicht der seiner Meinung nach besten von Carl Larssons Skizzen im Wege stehen will.

Bevor die Regierung ihren Entschluß faßt, ist Larsson von der Ungewißheit beunruhigt. Er fühlt die Enge und vermißt Strindbergs Kritik an der Saumseligkeit und der Bürokratie. Am 13. Januar schreibt er an ihn: „Weißt Du, jetzt kann ich nicht länger ganz von Dir getrennt sein. Du bist derjenige, der besser als die anderen die Rettung unseres Landes aus Schalheit und Gemeinheit sein könnte: Schweden wird von einem Alp bedrückt. Von einer muffigen, unsauberen und hundsgemeinen Presse, sieh mal! Ich weiß, daß Du ein echter Schwede bist. Ich weiß, wie Du die für mich etwas unerträgliche Silhouette der schwedischen Fichten liebst. Du wunderst Dich vielleicht darüber, daß es ein patriotischer Gesichtspunkt ist, mit dem ich Dich anspreche und nicht ein freundschaftlicher. Doch möchte ich so gerne von dem ausgehen. Aber ich glaube, daß Du nicht ein so altväterlicher Idealist bist, oder wie man das nennt, um an so etwas zu glauben. Und doch würde ich Dir so gerne eine Liebeserklärung machen, weil ich Dich so liebe, wie ein Freund einen anderen lieben soll. Ich habe noch nicht Deine ‚Beichte eines Toren' oder wie es heißt, gelesen, aber ich weiß nun genug davon, um einmal unter vier Augen darüber zu sprechen, so, wie Menschen, die Achtung voreinander haben, über das eine oder andere sprechen können. Ich weiß, daß Du, lieber Freund, tief unglücklich gewesen bist und ich hoffe von ganzem Herzen, daß das Leben Dir seine allerbesten Gaben gibt. Ich freue mich über Deine neue Ehe, weil ich das Gefühl habe, daß die Vorsehung Dir einen solchen Engel schuldig ist, wie Frauen es sein können!

Der Begriff Schweden

Weißt Du, es ist absolut notwendig, daß Du zurück nach Schweden kommst. Denn andernfalls wird das Mittelmaß zu groß. Ich will keine Namen nennen, da sonst das Papier nicht ausreichen würde (denn Mittelmaß haben wir im Überfluß)."

Aber Strindberg ist Schweden entwachsen und hat keine Lust, den Kontinent gegen sein Heimatland zu tauschen, in dem er sich abgelehnt fühlt. Larsson antwortet am 23. Januar: „Es ist sicher, daß Du Dich sehr täuschst, wenn Du glaubst, daß das schwedische Volk in Dir nicht seinen genialsten Verfasser sieht. Rydberg hat vor unserer Zeit einen sehr tiefgehenden Einfluß auf das Seelenle-

ben der Schweden genommen, und deswegen sagen viele von ihm ‚unser größter Verfasser'! Aber die anderen! Weißt du, Strix, daß die Schweden verdammt noch mal viel feinere Menschen sind als die Deutschen da. Glaubst Du das wirklich nicht? Ich für meinen Teil denke, daß man dort, wohin einen Gott hingesetzt hat, versuchen soll zu machen, was man kann, um denen zu helfen und einen Lebensstil zu lehren, die sich mit spießigen Angelegenheiten plagen, besonders wenn das Land so nahe am Nordpol liegt und neun Monate Winter hat wie unser Land. Was macht es aus, daß die Läuse husten? Das ist nicht spaßig, aber man schlägt sie insgeheim tot, so daß es keiner merkt. Glaubst Du ansonsten nicht in der Tiefe Deiner Seele, daß es schade um sie ist, um diese Menschen des Mittelmaßes? Und glaubst Du nicht auch, daß sie zum großen Haushalt der Natur gehören? Glaubst Du nicht, daß, wenn sie auch nach Herzenslust von Dir stehlen, doch in ihrem kleinen Maß Dir den Humus auflockern? Du liegst ja doch immer vor ihnen, und das kann auf die Dauer dem großen Publikum nicht verborgen bleiben, weil es Dir doch so wichtig ist, daß Du es mit Haut und Haaren besitzen willst.

Schweden ist Deine Heimstatt, mein Junge, und Du kannst nicht aufhören, Schwede zu sein. Du triffst Dich selbst, wenn Du gegen Schweden wütest. Könnte Dante etwas anderes sein oder werden als ein Italiener, Goethe etwas anderes als ein Deutscher, Shakespeare als ein Engländer? Deine Kinder kannst Du zu Deutschen erziehen, und Deine Argumentation dazu kann ich lebhaft verstehen, denn nach Deinen Erfahrungen kann es Dir als Pflicht erscheinen.

Bewahre mich, wie onkelhaft ich zu Dir spreche, alter, lieber Freund. Aber sieh mal, ich bin so versessen auf Schweden. Was ich mit Schweden meine, weiß ich nicht genau. ‚Den Begriff Schweden'. Kenne ich den? Ich glaube, daß die durchtriebenen Schweden schlimm sind. Aber an den inneren Kern, den ich und Du und einige andere und vielleicht alle Schweden haben, glaube ich.

Der Ehrgeiz soll gerade darin liegen, daß auf diesem Boden - man strecke sich nach der Decke! - ein reiches Kornfeld entsteht, das im frischen Winde wogt. Herr Jesus, so schön! Aber es geht jetzt nicht um Dich, mich oder einen anderen, sondern um die Aufgaben, Pflichten und um das Vorwärtskommen. Der schwedische Schuhmacher soll schwedische Schuhe machen und der schwedische Verfasser soll Literatur für Schweden schreiben. Ach Du, ein großes Stück Deines Herzens liegt hier auf einer schwedischen Zaunlatte gerade an einer Bucht, die von Birken und Fichtenwald umgeben ist. Geh hinaus in einen österreichischen, ungarischen, tschechischen usw. Wald und schnuppere genau, und Du, gerade Du, wirst finden, das es im Vergleich zu der kühlen harzigen Luft dort schal riecht. Komm hierher und pfeife auf Rydberg und Heidenstam, Geijerstam und Chicot!

„Das Sorgendkind" und „Erland spannt den Bogen". Tuschlavierungen zu Viktor Rydbergs ‚Singoalla', 1894. Konstmuseum Göteborg.

Ich bin der begabteste Künstler des Landes

Du magst glauben, daß ich Dich lebhaft verstehe und nicht eine Spur weniger hochnäsig auf meinem Gebiet bin als Du auf dem Deinen. Glaubst Du nicht, daß sie auch von mir stehlen und Auszeichnungen für meine Leistungen bekommen und daß ich sehe, wie mir gerade diese Leute Balken in den Weg legen und mich von ganzem Herzen beneiden? Aber ich scheiße darauf! – Ich bin der tüchtigste und begabteste Künstler des Landes und damit basta! Dann mögen die anderen das glauben oder nicht. Ich kümmere mich in keiner Weise darum und denke nur an mein Ziel, in meinem schwedischen Volk Freude an der Kunst zu wecken. So vortrefflich bin ich! Und so bete ich von Zeit zu Zeit zu Gott, es möge mir und meinem Hause wohlergehen. So habe ich Karl XII.

gern (dem Du immer was willst) und die Wachtparade und alle Pracht und Nutzlosigkeit. Und vergöttere nur das Genie, wie Dich und ein paar andere. Als Wahlspruch habe ich ‚Sei gut, sei froh!' und das halte ich mir selbst vor, wenn ich mich schlecht fühle. –

Du bist oft in meinen Gedanken und mein „Gott sei mit Dir" ist aufrichtig."

Das klingt wie ein Abschied, und Strindberg faßt es auch so auf und antwortet: „Lebewohl und laß es Dir in der Schalheit gut ergehen. Nun schreibe ich Schweden ab!"

Im Frühjahr reist C.L. mit Karin ins Ausland, um Monumentalkunst und Freskotechnik zu studieren („Schickt eine Sau nach Rom, und sie kommt als Sau zurück.") Aber die Arbeit des Sommers konzentriert sich in Sundborn auf die Illustration von Singoalla.

97

Ulf und Pontus, Aquarell, 1894. Konstmuseum Göteborg.

Ein Heim

„Nun müßte ich vielleicht anfangen, von der Bilderserie zu meinem Heim mit allen Kindern zu erzählen. Das ergab sich so ruhig und einfach. Hier mußte ich mich nicht sorgen und mühen um Ausschüsse und Kommissionen! (...) Man kann ja selbst den Anfang der auf Aquarellpapier lavierten Zeichnungen meiner Kinder von dem Bild von Suzanne herleiten, das ein Neffe von Pontus Fürstenberg, der dänische Buchdrucker und Illustrierten-Autor Axel Henriques, bei mir bestellte. Dieser hatte eine Zugneigung zu dem kleinen Mädchen gefaßt und bat darum, zu einem Freundschaftspreis eine kolorierte Zeichnung von ihr zu bekommen. Das wurde die Zeichnung, auf der sie schelmisch dasteht und sich vor einer Kommode streckt. (Sonnenblumen, 1893).

Als Pontus Fürstenberg das Bild zu sehen bekam, wollte er auch das Protrit des Kindes in derselben Art, das er natürlich auch kaufen durfte und mit dem er so zufrieden war, daß er entsprechende Bilder von meinen anderen Kindern, die, die ich bis dahin hatte und die, die noch kommen sollten, bestellte. Aber da ich, oder besser Karin, fast jedes Jahr Nachwuchs bekamen und ich ordentlich meine Porträts ablieferte, sagte er mit leisen Humor:

– ‚Wenn der Herr die Mittel hat, sich so viele Kinder zuzulegen, so habe ich nicht die Mittel, alle ihre Proträts zu bezahlen.‘ –

Inzwischen hatte ich selbst Blut geleckt und konnte es nicht lassen, auf Papierfetzen diese lustigen und niedlichen Szenen festzuhalten, die sich ständig unter meinen Augen abspielten.“

Ulf und Pontus werden im Februar in dem Atelier in der Glasbruksgatan gemalt. „Ulf mit einem preußisch-schwedischen Helm und Pontus prangend mit einem französischen Käppi – aber mit einer schwedischen Fahne auf den Schultern... Inwieweit diese Jungen militärischen Schliff besitzen, wird sich wohl weisen, wenn ‚jemand unseren Bergen zu nahe kommt‘. Was ich hoffe, ist, daß sie tapfer in und durch das Leben gehen werden, und wenn einst die Zeit gekommen ist, dem Tod ruhig in die Augen sehen werden. Ich erinnerte sie daran, was unsere sogenannten heidnischen Vorväter sagten: ‚Es gibt nur ein Unglück, und das ist die Schande.‘“ Lisbeth malte er gerne, auch ohne Auftrag. „Lisbeth ist ein sonniger kleiner Kobold. Es leuchtet und funkelt rund um sie herum, und ihr Lachen perlt und klingt. Es kichert, und es gibt keine Sorgen, wo sie erscheint.“

Apfelblüten – „Wenn man Dichter wäre, ginge es einem gut. Sicher ist, daß ich nur mit Prosa nicht mehr herausholen kann, als ihr selbst mir euren eigenen Augen auf dem Bild seht.

Aber mein allertiefster Instinkt läßt mich ahnen, wie die Versfüße im Takt mit Lisbeths kleinen Beinen tanzen würden, alles, sie und ich, um den kleinen Apfelbaum herum. Und wenn sie eine Weile getanzt hätten, würde die ganze Welt um uns herum tanzen! Sie könnte nicht anders.“

So fertigt er eine Reihe von Aquarellzeichnungen an, die später den Grundstock für das Buch ‚Unser Heim‘ (1899) bilden sollten.

Lisbeth, Aquarell, 1894.
Konstmuseum Göteborg.

Apfelblüten, Aquarell, 1894.

Die Strafecke. Aquarell, 1894. Nationalmuseum. Dies ist das erste der Reihe von Aquarellen, die 1899 in dem Buch ‚Ein Heim‘ zusammengestellt wurden. Unten: Das Schlafzimmer von Mama und den kleinen Mädchen, Aquarell. 1894. Nationalmuseum.

„Hier gibt es für mich eine gute Gelegenheit zu berichten, daß zu der Zeit, in der diese Zeichnungen entstanden, das ganze Gebäude nur aus vier Zimmern und einer Küche sowie dem angebauten Atelier bestand. Das vorhin genannte Giebelzimmer (das kleine Atelier) ist später dazugekommen. Viele glauben, wenn sie die Bilder sehen, daß es auch genau soviele Zimmer gibt, aber bei näherer Betrachtung dürfte man leicht erkennen, daß die Bilder meistens verschiedene Wände im selben Zimmer darstellen. (...) Das allererste der ganzen Reihe ist das, auf dem Pontus in der Strafecke zwischen dem alten Kachelofen und der Tür sitzt. Er war beim Mittagstisch frech gewesen und wurde in die gute Stube herausgeschickt, wo er jetzt sitzen und nachdenken konnte, wie es in jeder Hinsicht ungünstig ist, sich schlecht aufzuführen.

Gesegnet sei der Augenblick, als ich dort hinmußte, um meinen Pfeifentabak zu holen! Ich fand, daß der schmollende Junge sich sehr gut vor dem einfachen Hintergrund machte und beschloß, mit meiner langgehegten Absicht Ernst zu machen und Erinnerungsbilder von meinem kleinen Heim zu zeichnen. Ich dachte, sie würden eine Art Familiendokument werden, die bei den kommenden Geschlechtern hinterlegt sein würden. (Na, ehrlich gesagt, war das eigentlich Karins Idee. Sie hatte es mit Absicht getan, um mich in einem Sommer, in dem es unaufhörlich sechs Wochen regnete, und wo ich herumging und unerträglich war, an die Arbeit zu bringen).“

Diese Bilder trugen besonders zum Erfolg bei, als er seine erste Sonderausstellung in Stockholm bei Blanch im November hatte. Aber auch andere, etwas ältere Bilder fanden nun Anerkennung, – „das Publikum entwickelt sich, ohne es selbst zu wissen. Meine Bilder von der Abendsonne haben hier großen Erfolg. Normale

Sterbliche seufzen und nennen sie entzückend. Damals in Göteborg und Paris hat man sie fast ausnahmslos abscheulich gefunden.– Wie Sie, Herr Fürstenberg, hören, bin ich schon hochnäsig geworden. Aber was soll man machen? Schließlich gibt es so viele Menschen des Mittelmaßes, die tückisch sehen, wie bei mir mit leichter Hand Kunstwerke entstehen, und die insgeheim versuchen, mich mit ihrem ‚na ja‘ herunterzumachen. Aber ich werde ihnen schon ‚na ja‘ geben.“

Karin mit dem
Licht, Kohlezeich-
nung 1894.
Stockholm,
Thielska Galleriet.

Oben: Das Blumenfenster. Links unten: Das Eßzimmer.
Die beiden Aquarelle stammen aus dem Jahr 1894 und sind
in ‚Ein Heim' enthalten. Nationalmuseum.

Rechts: Brita und ich. Aquarell, 1895. Konstmuseum
Göteborg. „So habe ich das Kind aufgenommen und wir
kamen durch Zufall vor den Spiegel. Welch ein Motiv!
Ohne Brita loszulassen, habe ich eine Staffelei aufgestellt
und nahm Papier und Stift zur Hand. Oh, wie ist das lustig,
fand Brita - fünf Minuten lang. Die übrige Zeit der Sitzung,
die eine Woche dauerte, (d.h. wir schliefen in den Nächten,
da ließ ich sie los) hat sie wie am Spieß gebrüllt. Stellt euch
vor, diese kleine Wildkatze, die kratzte, heulte, an den
Haaren riß und trat, und dann mit sicherer Hand und
sicherem Auge mit Tusche und Bleistift zu arbeiten. Ja, ja,
Leute. Und dann mein linker Arm, der geradezu erlahmte.
Das war ein Rekord in seiner Art. Wenigstens nach meiner
bescheidenen Meinung."

Zwei Selbstporträts, Radierungen, 1896, Nationalmuseum.

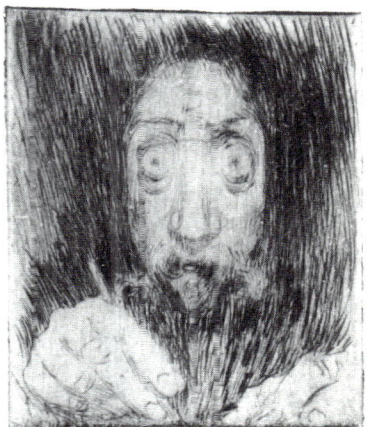

Zerrbild und Schreibgeist, Radierungen, 1896. Nationalmuseum.

Graphische Versuche, Ausführung der Fresken im Museum

Im Januar werden die Kartons für die linke Wand der Halle des Museums eingereicht. Sie stoßen auf „außerordentliche Zufriedenheit" bei der Kommission. Nachdem diese Vorarbeiten abgeschlossen sind, nimmt er die Gelegenheit wahr und nimmt an einem Kurs für Radierungen teil, den Axel Tallberg an der Akademie zustande gebracht hat; der erste bedeutendere graphische Kurs im Lande seit dem Löwenstams 1875. Er lernt die graphische Arbeit aufs neue und experimentiert mit Techniken, die er früher nicht verwandt hat, Weichätzung, Aquatinta, Mezzotinto und Lithographie. Eine Reihe von Selbstporträts können als kleine graphische Versuche mangels eines andern Modells gesehen werden, aber im Zusammenhang mit einigen Selbstporträts des Vorjahres ergeben sie eine dramatisch gesteigerte Selbstcharakteristik. Von dem Portrait mit Brita mit dem manischen Ausdruck eines gemütlichen Triumphators ist es ein rascher Schritt zu den entstellten Studien in der Depression. Starrt aus dem letzten von diesem, dem „Schreibgeist", seine Verzweiflung über eine in diesem Jahr auftretende Augenkrankheit, die teilweise den Rest seines Lebens verdüstern sollte?

Ehrenstrahl malt das Proträt Karl XI. Der genehmigte Karton, 1895 mit Leimfarbe für eine der Fresken des Nationalmuseums gemalt. Alle Kartons für die Fresken des Nationalmuseums sind in der Treppenhalle des Museums in Malmö ausgestellt.

„Und so war ich endlich so weit, daß ich mit Antonio Bellio die Wahl und Prüfung der Farben vereinbaren konnte, das Abschlagen des Putzes und Aufbringen eines neuen, der mit Marmorstaub vermischt war, so wie es sein mußte: das Zubereiten durch daran gewöhnte und sichere Arbeiter aus Italien, die Gerüste etc. Liljefors empfahl mir Fjästad als geschickt und interessiert, als solcher stellte er sich auch heraus. Freundlich und nett – aber vielleicht ein wenig zu ‚künstlerisch' und selbständig. Er war z.B. nicht so ‚übergenau' damit, beim Kalken meinen Konturen zu folgen, was mich rasend machte und mir unnötige Mühe verursachte. (. . .)

Die Fresken wurden im Frühjahr begonnen und waren im Herbst fertig.

Um vier Uhr morgens kamen die Italiener, um den feuchten, feinen Putz auf den unteren gröberen aufzutragen, ungefähr in der Größe, die ich vorgeschlagen hatte und mit der ich im Verlauf eines Tages fertig werden konnte. Um sechs oder sieben war es gewöhnlich Zeit für mich, anzufangen. Hurra, wie es schnell voranging! Einmal malte ich ein ganzes Feld, das, auf dem Karl XI. ist und auf dem er Modell für Ehrenstrahl sitzt, in vier Tagen – was ein erstaunter Assistent in einer Zeitung berichtete – um es am fünften Tage wieder ganz von der Wand zu kratzen; dann dauerte das erneute Bemalen desselben Feldes ein Vielfaches dieser Zeit. Einmal arbeitete ich an einer Sache – es war das Feld, auf dem Gustav III. ist – sechzehn Stunden an einem Stück; es war Herbst und begann, dunkel zu werden und es sah aus, als ob ich nicht damit fertig werden würde. Wäre ich nicht fertig geworden, hätte das ganze Stück abgerissen werden müssen. Ich war so müde, so verzweifelt, daß die Tränen zu fließen begannen. Es ist jetzt lächerlich, sich das vorzustellen, aber diese erzwungene Schufterei, tagaus, tagein, diese Beaufsichtigung meiner Mitarbeiter, um sicherzustellen, daß Kalk und Wasser im richtigen Verhältnis gemischt waren und die richtigen Farben verwandt wurden, das ging auf die Nerven. Aber heiter war das, und mein lieber Freund, John Kruse, der damals neuangestellter Assistent am Museum war, zitiert eine Äußerung von mir, daß ‚das Männerarbeit war'. Sicher."

Antwort auf die Kritik

Am ersten Juni beginnt er mit der Arbeit an der rechten Wand, am 15. Juni werden auch die Kartons für die linke Wand gebilligt und am 7. Oktober ist das Ganze fertig. Das Ergebnis wurde von Kritikern und Publikum mit Anerkennung begrüßt, aber in der Kommission gab es Vorbehalte. Es sind besonders v. Rosen, Zetterwall und Wirsén, die unzufrieden sind und Verbesserungen fordern. Carl Larsson verteidigt sich in der Presse.

Der Kommission gibt er seinen klaren Bescheid: „Vor einigen Jahren bereits lehrte mich ein guter Freund ein deutsches Sprichwort, das lautet: ‚Mensch, ärgere dich nicht!'–, und das ist viele Male bezüglich Kunstfragen hier im Lande gelegen gekommen, aber niemals so sehr wie jetzt.

Ich habe deshalb mit erzwungener Seelenruhe die Akten über diese Angelegenheit durchgelesen und sende sie hiermit zurück.

Als Antwort auf die Frage, inwieweit ich geneigt sei, die unzähligen Änderungen, die von den einzelnen Mitgliedern des Ausschusses vorgeschlagen werden, zu machen, kann ich nur ein ernstgemeintes ‚Nein' geben!

Mein Ansehen als Künstler ist durch solche Ausführungen bereits hinlänglich in Mißkredit geraten, als daß ich selbst dazu beitragen möchte, indem ich zugebe, daß alle diese Änderungen berechtigt sind. Es ist meine aufrichtige Überzeugung daß die Malereien durch Änderungen schlechter und nicht besser werden.

Die Aufgabe, diese ungleichmäßig und schlecht beleuchteten Wände mit je drei einander berührenden Bildern auszumalen, war äußerst schwierig und heikel.

Aber irgendwann einmal muß diese Aufgabe gelöst werden. Die Kommission hat mich wahrscheinlich als den richtigen Mann dafür angesehen, nachdem sie mir den ehrenvollen Auftrag gegeben hat, und ich habe das Allerbeste daraus gemacht. Jetzt,

Zwei Modellstudien, Radierungen, 1896

nachdem die Malereien fertig sind, entsprechen sie ungefähr dem, was ich von ihnen erwartet habe und ich will sie im Großen und Ganzen nicht anders haben, soweit mein Name auf ihnen stehen soll.

Anscheinend entsprechen sie dagegen nicht den Erwartungen sämtlicher Mitglieder der Kommission, und ich kann dazu nur mein Bedauern ausdrücken, aber nichts dagegen tun.

Doch das Einzige – und dieses, um mein Entgegenkommen zu zeigen –, wäre, daß mir die Kommission das Recht zuerkennen würde, nach einer Zeit reichlicher Überlegung Änderungen vorzunehmen – die der Kommission oder meine - zu denen ich mich im Verlauf eines Jahres verpflichtet fühlen würde.

Ich bitte daher ergebenst, daß die Kommission diesen letzteren Vorschlag in Erwägung zieht und von ihrer bisher verfolgten, wahrscheinlich beispiellosen Art abgeht, ein bestelltes Kunstwerk zu behandeln, das, nach der Aussage der Kommission, mit den gebilligten Skizzen und Kartons übereinstimmt und dessen endgültige Ausführung auf der Wand in Farbe nur auf eine Art gemacht werden konnte, auf die meine.“

Gustav Wasas Einzug

C.L. bekommt 25 000 Kronen für jede Wand. Für 8 000 Kronen kauft er die Nachbarhöfe Spadarfvet und Kartbacken in Sundborn. Auf dem letzteren sollen die Eltern leben.

Im Frühjahr wird noch eine Tochter geboren, Kersti. Kleine Begebenheiten und Anekdoten über die große Familie schildert er in dem Album ,Die Meinen‘, das erste in einer Reihe von Bildbänden, die Carl Larssons Familienleben zu einer nationalen Angelegenheit machen sollten.

Er träumt davon, eine neue, große Arbeit vollenden zu können. Am 9. Dezember bittet er Fürstenberg um 30 000 Kronen, um ,,Gustav Wasas Einzug“ im Nationalmuseum malen zu können. Fürstenberg antwortet ein wenig zurückhaltend, aber entgegenkommend. Carl Larsson hat sofort einen neuen Vorschlag: ,,Ernsthaft gesagt, sah ich sofort, nachdem ich den Brief abgesandt hatte, ein, wie töricht mein Vorschlag war, nämlich, daß Pontus Fürstenberg ein kleines Vermögen für eine Sache hergeben sollte, für die die Mittel schon vorhanden waren. Aber das war der Gedanke bei dem imposanten Schauspiel, daß zwei von der ,Gesellschaft‘ so verabscheute Menschen wie wir zwei, die Gesellschaft abblitzen ließen. Indessen gibt es keinen Zweifel daran, daß ich diesen Gustav Wasa malen werde, und da sehe ich es als ebenso gut an – oder sogar besser – daß ich ihn sofort male. Ich habe gesehen, wie leicht Männer meines Alters in die Ewigkeit abtreten und sehe keinen Grund, warum es nicht ebenso leicht mir passieren kann. Und wenn ich einmal im Jenseits wäre, würde es mich – vermute ich – ärgern, nicht das ausgeführt zu haben, was ich mir vorgenommen hatte. Aber, um auf unsere Angelegenheit zurückzukommen, so annulliere ich meinen Brief folglich sofort selbst. Ich war ganz verrückt. Was meine erste Bitte (um einen Garantiebetrag von 10 000 Kronen) angeht, so bitte ich weiterhin

darum, bis ich ein ,Nein‘ bekommen habe. Aber das Bild werde ich auf alle Fälle malen. Alles mag zum Teufel gehen! Karin hat versprochen, den Mädchen zu kündigen, die Kinder werden in die Volksschule geschickt, die Landwirtschaft, das Klavier und die Bücher werden an die Meistbietenden verkauft, Vater und Mutter in das Armenhaus gesteckt, die Hauptsache ist, daß etwas in der kurzen Zeit, in der man lebt, geschieht.“

Erziehung der Jugend

Auf der großen Ausstellung in Stockholm 1897 zeigt C.L. ,Die Meinen‘ und zwanzig Aquarelle zu ,Ein Heim‘, das mit Sinn für das Echte in der schwedischen Tradition eingerichtet ist und ohne ,,den geschmacklosen Industrietand“ der Zeit. Er will den Geschmack und das häusliche Leben reformieren und denkt selbst, daß die Kunsthandwerksabteilung der richtige Platz für seine Serie sei.

Modelle

,,Modelle? Meine Modelle sind vorzugsweise meine Frau und meine Kinder, und das wißt ihr und die ganze Welt, und über sie soll ausführlich gesprochen werden.“ Es ist jetzt ,,die ganze Welt“, die diese Larssonschen Modelle kennenlernt. In Berlin hat die Aquarellreihe ,Ein Heim‘ einen großen Erfolg. Aber er studiert auch die Frau an berufstätigen Modellen. Unter ihnen gab es ,,Ein armes vaterloses Mädchen mit einer kränklichen Mutter und einem schlampigen Bruder. Sie war erst sechzehn Jahre, als sie zu mir kam, rein und keusch in ihren Zügen, so wie ihr sie vielleicht vor dem Spiegel Emilie Högquists gesehen habt auf dem Aquarell, das Zorn – der gute Freund – einmal von mir bestellte. Sie war

Vor dem Spiegel, Aquarell, 1898. Museum Zorn, Mora.

Karin und Kersti, Aquarell, 1898. Konstmuseum Göteborg.

„Hier möchte Karin ein neues Baby vorstellen. Kersti ist das liebenswürdigste Kleinkind, das es gibt. Zumindest kann man sich nichts Netteres vorstellen. Fröhlich ist sie immer, niemals langweilt sie sich, sei es, sie spielt mit Freunden, Geschwistern oder alleine.

Vor ein paar Jahren war sie zart und durchsichtig. Wäre sie damals von uns gegangen, so hätten wir es nur natürlich gefunden und wir hätten bestimmt gewußt, daß sie Hofdame bei der Jungfrau Maria geworden wäre, weil selbst der Himmel ein solches Schmuckstück nicht entbehren könnte."

mehrere Sommer in Sundborn, wo sie in ihrer nackten Pracht im verwilderten Garten von Spadarfvet herumging. Ich machte ihr Vorhaltungen, daß das nicht das ganze Leben so weitergehen könne, daß sie etwas lernen müsse, aber bekam nur ein müdes Lächeln zur Antwort."

Im Herbst veranlaßt ihn der Dreyfusprozeß zu der Feststellung: „Das Französische in meiner Seele ist jetzt vollkommen verschwunden. Trotz der Tatsache, daß ich an den gesunden Sinn dieses Volkes und meine alte Begeisterung für große Eigenschaften und hohe Ideale glauben will. Aber jetzt! Das ist wirklich abscheulich!"

Das Schwedische tritt nun ganz an dessen Stelle.

„Zu Leben in Schweden Schau, das ist Sein!
auf Wiese und Tal, Schau, das ist Leben,
in Wäldern und auf Seen, teile es mit Freunden,
in grüner Blätter Saal. mit Kindern und Frau!"

Gebet der Schuljugend

Sein nationales Pathos erfüllt auch ganz sein nächstes Monumentalgemälde. Im Frühjahr hat der Verein ‚Kunst in der Schule' Carl Larsson den Auftrag gegeben, ein Fresko im Gymnasium Norra Latin in Stockholm mit einem Motiv aus der Gegenwart zu malen. Er malt das ‚Gebet der Schuljugend'.

„Man ließ die 700 Jungen für mich ausrücken. Zuvor hatten sie sich zum Gebet auf dem Schulhof aufgestellt. Und gerade das beeindruckte mich. Ich bin sehr weich und meine Augen füllten sich mit Tränen. Ich sah Engel und Cherubine in der Luft und ein stattlicher Junge las das Vaterunser vor. Der Musikchor der zweiten Garde mit leuchtenden Messinginstrumenten und roten Schulterstücken, eine Reihe Mütter, Mädchen auf Fahrrädern, Studenten und Lehrer und die lange Reihe prächtiger Jungen."

Einer der Auftraggeber hatte ironisch gefragt, ob „sie nicht auch Gewehre haben sollten, so daß der wunderbare Militarismus

Linker Teil des Kartons für das „Gebet der Schuljugend", Fresko im Gymnasium
Norra Latin in Stockholm, Carl Larssongården, Sundborn, 1899.
Unten: Gustav III. nimmt die antiken Bildwerke entgegen, Fresko im Treppenhaus
des Nationalmuseums.

auch dabei wäre. Ich antwortete, daß ich das vergessen habe, aber
auch mit malen könne." Wenn ihnen dieses Motiv nicht gefällt, so
hat er dennoch die Absicht, es zu malen. „Es ist nämlich ein
ausgezeichnetes Motiv. Da habe ich die Gelegenheit, alles
aufzunehmen, was ich brauche, um gerade meine künstlerischen
Eigenschaften hervortreten zu lassen.

So stimmt es ganz mit meinem eigenen Wesen überein. Ich bin
gottesfürchtig, obwohl ich an nichts anderes glaube als an einen
guten und gerechten Gott und ich fand es großartig, daß jeder
Junge es lernt, eine Waffe zu tragen in dem Gedanken, daß er sie
eines Tages braucht, um sein Land, seine Frau und seine Kinder,
die Freiheit und die Kultur zu verteidigen. Und wenn das weich ist,
so werde ich zeigen, daß ich den Mut habe, weich zu sein. Ja, lieber,
lieber Freund Fürstenberg, entweder geht es jetzt abwärts mit mir
oder – nach oben."

Er arbeitet an einem Karton in Öl für ‚Das Gebet der
Schuljungend': „Das ist wirklich kein Spielzeug. Nur an dem einen
oder anderen Sonntag kann ich ein paar Jungen als Modell haben,
und da jammern sie, weil sie nicht ihre Aufgaben machen
können."

„Es wird ein richtig lustiges Bild und in einigen Jahren wird es
Geschichte sein. Da sieht man, außer dem Rektor und drei
Lehrern – um nicht von den Jungen zu sprechen – Mütter und
Geschwister, Fahrräder, Musikkapellen, Prinz Eugen, Liljefors
und Carl Laurin und selbst den König, hoch zu Roß. Dann Engel
und Heiligenschein, Blumen und die schwedische Fahne. Ich
verzichte auf nichts. Es ist geradezu herrlich für einen solchen

August Strindberg, Zeichnung in Öl, 1899. Nationalmuseum.

armen Skeptiker, wie ich es bin, in Symbolen, Glauben und Huld zu schwelgen. Und ich bin froh wie eine Lerche. Ja, wenn ich bloß arbeiten darf! Der ‚Einzug Gustav Wasas‘ ist versteckt, aber nicht vergessen. Karin wird sich den ganzen Winter damit beschäftigen, Kostüme zu machen, was sie sehr gut kann. Sie wird sich eine Näherin nehmen und die Kinder können mit Rotznasen herumlaufen. Und so werde ich einen wirklich spannenden Text zu meiner Serie schreiben, aber das wird wohl erst im Sommer sein.“ Seine Serie ist die Aquarellfolge ‚Ein Heim‘, die Albert Bonnier für 12000 Kronen kauft, um sie als Farbdruck zu veröffentlichen.

Das Porträt Strindbergs

C.L. sucht nach einem neuen dekorativen Stil. Zu Hause an der Wand hat er eine alte Bauernmalerei aus Halland. Von dieser sagt er: „Sie hat die gleiche ursprüngliche Naivität und Anmut, aber interessiert mich mehr als irgendeine der Fresken Giottos.

Es sind diese schwedischen Bauernmaler vom Ende des vorigen Jahrhunderts, bei denen ich bereits seit einigen Jahren in die Schule gehe; das gebe ich offen zu. Denk z.B. an diese alten Bilder, die man in den Bauernhäusern hier in Dalarna oder Norrland findet. So ein tiefes, ernstes Gefühl Seite an Seite mit einem so drastischen, aber gesunden Humor. Und welch ein nationales Stilgefühl!“ Dieser Eindruck reift in den späteren Monumentalgemälden wie „Draußen weht der Sommerwind“, „Gustav Wasa“ und „Mittwinteropfer“.

Im Juli fährt er hinaus nach Furusund, um das Porträt Strindbergs zu malen, das von Julquällen bestellt ist. Strindberg ist im Januar 50 Jahre alt geworden, und Carl Larsson hat ihm in der Zeitung Svenska Dagbladet gehuldigt. Das Schisma in den Ansichten und der Lebenseinstellung ist nicht behoben. C.L. hat weiterhin propagiert, „in Schweden zu leben“ und er erinnert sich immer noch an Strindbergs Abschiedsworte von 1894: „Jetzt schreibe ich Schweden ab.“ „Das machtest Du nicht! Und ebenfalls wissen wir, Deine ‚gewieften Freunde‘, daß, wenn Du einmal liebst, Du niemals aufhören kannst zu lieben. Und – ‚die Liebe ist alles‘, sagt der heilige Johannes. Deshalb Dank für das, was Du uns aus dem Born Deines Genies gegeben hast – warum willst Du dieses lebende Wasser trüben – und Dank für Dein Gebrüll, das hier und da die geistig Trägen in unserem Lande geweckt hat, und – und – lebe lange und wohl!“

Genesung

Als Karin eine ernsthafte Lungenentzündung durchmacht, malt C.L. das Aquarell ‚Genesung‘ und philosophiert: „Froh zu sein, ja! Das kann nur auf unterschiedliche Weise der Fall sein. Die, die gedankenlos grinsend durch das Leben gehen, meine ich nicht.

Nein, derjenige, der sich in der klaren Winternacht vornimmt, in das Universum zu gehen und dort einen Spaziergang zu machen – einen kleinen, um Gottes Willen, nicht zu weit, so, daß er zurückfindet! – macht auf der Milchstraße hier und da einen Bogen und nickt denen, die auf der Kassiopeia sind, freundlich zu, ohne von der Furcht vor der Ewigkeit des Raumes und der Zeit in ihrer Unendlichkeit ergriffen zu werden, sondern in festem Vertrauen auf das Richtige und Gute und im Glauben an eine weise Allmacht lächelnd, fest und ruhig in alle Winkel und Ecken der Schöpfung zu schauen wagt, der, meine ich, ist mein Mensch. Mein fröhlicher Mensch.

Ich selbst? Ach, ich bin ein armer tastender und bebender Mensch, aber ich habe zumindest den Verstand, fröhlich auszuschauen, selbst wenn das Herz in der Kehle sitzt, und schon das rechne ich mir als Ehre an.

Aber.

Dann steht der Tod drohend vor Deiner Tür. Du schließt die Tür ab und hältst sie fest zu. Er kommt näher und näher. Er

Oben: Vater und Mutter. Aquarell, 1901. Rechts: Esbjörn, Aquarell, 1900. Konstmuseum Göteborg.

ergreift die Klinke und zieht daran. Stärker und stärker, Du kannst nicht mehr... Der Türspalt wird größer und größer, und nun kannst Du in seine unergründlichen Augen sehen, die Dir alles oder nichts sagen.

Wie das Universum!

Deine Kräfte sind zu Ende. Du wolltest gerade loslassen, weil Deine Finger nachgeben...

Da geht er. Ganz einfach!

Sie ist gerettet!

‚Alle Gefahr ist vorbei!' sagt der Arzt, und ich finde ihn herrlich und mächtig und möchte seine Knie umarmen, wenn ich meinen Gefühlen folgen wollte. Aber was ich küsse, sind die dünnen Fingerspitzen meiner geliebten, armen ausgemergelten Frau, ihre mageren Arme und den von der Krankenschwester geflochtenen Zopf, der sich als schwarzer Kringel gegen die weißen Kissen abhebt.

Wie das Leben wieder mit bezaubernder Pracht schimmert!

Und du gehst auf den Zehen, und du flüsterst, aber du weißt, daß du vor Glückseligkeit strahlst, und du begibst dich in die Einsamkeit und läßt die unaufhaltsame Träne auf das Psalmbuch fallen, in dem du gestern lasest:

Siehe, das Grab ist geöffnet, und dein Freund verschwindet in dessen Tiefe! Er kommt nicht zu dir zurück, aber bald wirst du ihn erreichen. Bald ruhen unsere kalten Gebeine und des Sommers Hauch und der Sonne Schein werden sie nicht länger beleben."

Ich genieße meinen Frieden auf dem Lande

Im März zieht er nach einem großen Abschiedsfest im Grand Hotel endgültig nach Dalarna um. Hyttnäs wird weiter ausgebaut (Suzanne hilft bei der Innenausstattung mit), um die große Familie

aufnehmen zu können, aber nun werden auch drei der Kinder nach Falun geschickt, wo sie ihren eigenen Schulhaushalt haben. „Ich bin froh, daß ich mich jetzt in Ruhe sammeln kann." Am 18. Oktober schreibt er an K.O Bonnier: „Wenn Du wüßtest, wie ich meinen Frieden hier auf dem Lande genieße! Es gibt keine Worte dafür; ich lache wie ein Verrückter aus reiner Freude an der Natur." Er stattet Stockholm einen Besuch ab, wird froh empfangen, ist aber selbst froh, als er wieder von dort abreist.

„Es ist schrecklich draußen. Es pfeift an den Ecken, der Schnee ist kein Schnee, sondern Eisschnee, der in die Augenwinkel peitscht; und wenn man weint und jammert, peitschen die Kobolde einem den Rücken mit Ruten.

Ab und zu einen kleinen heben!

Hier seht ihr das Tablett mit dem Grog. Karin hat noch nicht alles endgültig nett auf dem Tablett angeordnet, der Klosterlikör fehlt noch, den sie von der Anrichte nimmt.

Im Hintergrund befindet sich das Heiligtum selbst, der Schnapstisch, der von mir selbst eingerichtet wurde."

Das Aquarell mit den Eltern darauf kommentiert er im nächsten Jahr: „Das war im letzten Herbst. Sie beide, Vater und Mutter, wohnten fünf Minuten von unserem Häuschen entfernt. Nun ist die Mutter nicht mehr. Als ich ihre weißen Haare in dem kühlen Herbstwind flattern sah, fühlte ich, wußte ich, daß sie nicht viel älter werden würde.

Sie starb um Ostern im Alter von fast achtzig Jahren....

Aber der arme Alte sitzt nun einsam auf Kartbacken und sieht wie ein alter Hahn aus. Und ich halte ihn mit den Kindern und Dagens Nyheter aufrecht... den Bauernjungen aus Sörmland."

Er malt ein sommerliches Idyll: „Draußen auf meinem eigenen Grund und Boden, in Bullerholm, wo ich meine Kinder baden

S. 111 oben: Krebsfang, Aquarell, 1894. Es wurde 1898 zu einem Karton für einen Gobelin umgearbeitet, den die ‚Freunde der Handarbeit' 1900 webten. Nationalmuseum. Der Gobelin befindet sich im Kunstindustriemuseum in Kopenhagen.

Links: Genesung, Aquarell, 1899.Nationalmuseum.

Vor dem Spiegel, Ölgemälde 1900. Konstmuseum Göteborg.

Einen Kleinen heben, Ölgemälde, 1901. Nationalmuseum.

Rechts: Suzanne
und noch jemand,
Aquarell 1901.

Idyll, Aquarell 1901.

lasse – und übrigens auch die des ganzen Dorfes – und wo ich
meine Krebse fange.

Die Birken, die früher dort gedrängt wie Heringe standen, sind
jetzt gelichtet und haben deshalb Verwunderung ausgelöst, warum
die Stämme so lang und schmal sind.

Aber meine Kinder sind, Gott sei Dank, nicht gelichtet, und
sind deshalb klein und rund.

Karin ist auf ihre älteren Tage auch ein wenig mollig geworden,
und da sie nach Lisbeths Aussage ‚kokett‘ ist, hat sie sich ein weites
Kleid gemacht, das an die der Damen auf Watteaus ‚L'embarque-
ment pour l'île de Cythère‘ erinnert, und die Kunstkritiker haben
dem Bild den Namen Rokokobild gegeben.

Ach, Danke!"

Umschlag für das Album ‚Die Larssons‘ (Großvater und Esbjörn), das 1902 erscheint. Rechts: Eine Studie zu ‚Draußen weht der Sommerwind‘, Kohle und Kreide. Nationalmuseum.

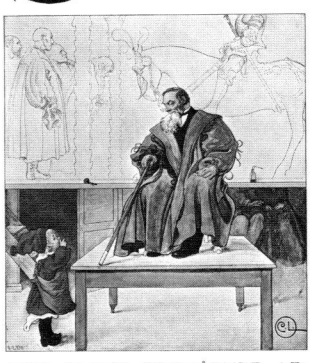

Ein Buch über Carl Larsson

1901 schreibt Nordensvan das erste Buch über Carl Larsson: „Pfui, wie Du mich mit dieser Monographie in den Himmel lobst! Ich erröte ein paar Mal vor Scham in der Einsamkeit. Ich schäme mich für meine Frau und die Kinder, die losgingen und zwei Exemplare heranschleppten, eins von Dir und eins vom Verleger.

Aber Dank Dir, daß Du so großzügig meine Schwächen übersehen hast! Und Dank für Dein Interesse an meiner Kunst! Ach, ich habe schrecklich gesündigt, aber Du hast nun recht, wenn Du denkst und glaubst, daß es mir schließlich und endlich klar geworden ist, daß verdammt noch mal für die Aufgaben der Kunst Ernst erforderlich ist – Ach, ich kann nicht sagen, was ich in dieser Hinsicht fühle, aber Du verstehst ja Malerlatein.

Karin ist schrecklich stolz auf das Buch und geht mit ihm umher und drückt es an ihr Herz und strahlt – sie ist, verflixt noch mal, richtig verrückt. Und sie sagt ab und zu: ‚Ja, nun sollst du Gustav Wasa malen, es war gut von Nordensvan, darüber zu schreiben.‘ "

Das hält C.L.'s Hoffnung am Leben, ‚Gustav Wasas Einzug‘ für das Nationalmuseum malen zu dürfen, und er macht von Zeit zu Zeit Studien für die verschiedenen Figuren. Jetzt ist er dabei, einen großen Karton für das Gemälde zu machen und sein Vater steht als Bürgermeister Modell. Während einer Pause in der Arbeit porträtiert er den Vater auf dem Modelltisch zusammen mit Esbjörn. Das Bild wird als Titelbild für das Album ‚Die Larssons‘ verwandt, das Bonnier zum fünfzigjährigen Geburtstag herausgibt.

Die große Zusammenstellung der Figuren bestimmt auch sein Denken in anderen Zusammenhängen. Am 27. März schreibt er: „In Stockholm sah ich die beiden Ausstellungen. Ja, ich kann mir nicht helfen, aber diese Kleinmalerei, diese kleinen Stimmungen, befriedigen mich nicht länger. Carriès sagte mir einmal: ‚Ein Kunstwerk, das währen soll, muß kostbar sein‘, und das sind sie so selten. Sie wecken ein starkes Farberlebnis, das einige Male interessiert, aber erwecken nicht die Neugier, in die Sache einzudringen. Nun beherrschen sie sogar im anderen Lager bald die Kunst, diesen Effekt zu erzielen, und nachher? Und das mit den Landschaften! Das sind schlechte Vorzeichen, weil die Darstellung der Menschen mehr und mehr zurückgedrängt wird; es reizt das Publikum nicht genug und der Künstler schreckt zurück, weil es mehr Mühe macht und unerhört mehr Können auf dem Gebiet der für mich wesentlichen Kunstgattung verlangt. Ach, ich merke gerade, daß ich nicht zum Kunstphilosophen tauge, die Widersprüche stellen sich sofort ein."

Das ist der letzte Brief an Fürstenberg. Gleich danach, am 10. April, stirbt dieser.

Gedanken über die jenseitigen Dinge

Bei einem Spaziergang spät an einem Winterabend in Sundborn, bei dem der Nachthimmel einen mächtigen Eindruck macht, sagt C.L. zu Georg Pauli: „Du verstehst, alter Freund, daß derjenige, der hier in einer Winternacht herausgeht, nicht frei von wunderlichen Gedanken über die Dinge ist, die im Jenseits und über uns liegen. Manchmal ist das so eigenartig – ich spüre das im Kopf – wie ich auch nach dem Grund und dem Ziel suche, den Ursachen und Bedeutungen – ich werde zu einem Wurm vor der Unendlichkeit.– – – Manchmal muß ich mich von hier wegbegeben – ich gebe mir selbst andere Gründe an – aber oft ist es so, daß ich das Übermächtige nicht aushalten kann." Und in einem Brief an Ellen Key im November macht er sich weiter Gedanken über seine Kleinheit unter den Sternen: „Ach, wie ich mit Euch Versteck spiele, meine Freunde! Weil ich Euch nicht auf die Nase gebunden habe, welch ein ungewöhnlich tiefer und todtrauriger Mensch ich bin... Hast Du nicht bemerkt, daß alle Selbstmörder – zumindest in der Regel – in ihrem Leben das Ansehen genossen haben, frohe Naturen zu sein. Deshalb glaube ich, daß diejenigen, die ihren Weltschmerz an den Mann bringen, denken, daß das Leben verdammt lustig sei.

Meine Liebe, zum Debattierer tauge ich nicht, und deshalb will ich nichts mehr in dieser Hinsicht ausführen und nur das sagen, was ich gestern vor allen Kindern – und Karin – sagte, als ich ihnen Deinen Brief vorlas, nämlich, daß Ellen Key ein prächtiger Mensch sei, wenn sie nur nicht so verdammt orthodox in ihrem Unglauben wäre und der Mißachtung vor dem, woran ein großer Teil anderer Menschen Freude und Nutzen hat. Die Sterne und die Kirche? Du magst glauben, das es schön ist, in die kleine, nette Kirche zu kriechen, nachdem man manchmal im Begriff gewesen ist, über den entsetzlichen Sternen verrückt zu werden!

Oh Du, Ellen Key, ich küsse und segne Dich! Alle, die aufrichtig reden, die wissen und glauben, recht zu haben "

Draußen weht der Sommerwind

Neujahr 1902 stattete er Göteborg einen Besuch ab, für das dortige humanistische Gymnasium wollte man eine Wandmalerei

Karin, Kohlezeichnung, 1903.

Fußmatte dienen soll, und zwei kleine Mädchen, die völlig gleich angezogen sind, weil sie so schrecklich gute Freundinnen und Nachbarinnen sind (..), haben die Arme voller Wiesenblumen, während die ‚Ida Anders‘ von zu Hause den Kaktus mitgenommen hat, der gerade seine ganze prunkende rote Pracht entfaltet hat. Sie hegt die kühne Hoffnung, daß er auf dem Katheder stehen wird. Ihnen entgegen kommen ein wackerer, junger, uniformierter Mann zu Pferde, (allgemeine Wehrpflicht!) ein zerlumpter Bettler und eine Frau in Trauerkleidung. So daß es hier genügend Symbolik für den Hausgebrauch gibt (...)

Na, ich meine, daß es auch für Jungen auf dem Gymnasium angemessen ist. Hier sehen sie täglich vor ihren Augen die Kinder des Volkes, deren Lehrer, Ärzte und Führer sie werden sollen. Sie sollen von Anfang an Zuneigung und Interesse für sie haben. Und die grüne Landschaft mit dem blauen Wasser, gegen das die Blumen sich als Schmuck abheben, sollen ihre Gemüter im Grau der Schule froh und hell erhalten.‘

haben. Fürstenberg war der Vorsitzende der Kommission, die die Angelegenheit in der Hand hatte. Larsson schlug zuerst Carl Wilhelmson und dann Emerik Stenberg vor, aber „nach ein wenig Zieren übernehme ich die Sache. Pontus Fürstenberg, der der Vorsitzende war, sagte: ‚Hat der Herr keine Idee?‘ In der folgenden Nacht drehte und rollte ich mich wie eine Schußspule in einem der Betten des Hotels Haglund, und am Morgen kam mir der Einfall: Sankt Georg und der Drachen. (...) So würde ich es machen! Ich keuchte vor Begeisterung (...)

Als nun alles klar war, um ernstlich zu beginnen, sah ich an einem sonnigen Tage eine Reihe von Kindern den Weg entlanggehen und Blumen und Blätter tragen. Das war ein so frischer und froher Anblick! Auf meine Frage hin erfuhr ich, daß sie zur Schule gingen, um diese für das Examen auszuschmücken.

Ach, die ganze St. Geogsgeschichte brach in sich zusammen, ich fand sie auf einmal so muffig und verstaubt im Vergleich zu allen diesen munteren und unschuldigen Kindern unserer Zeit. Und zu den frischen Wiesenblumen.

Ich stellte mich hin und brüllte: ‚Karin! Komm her! Hier ist das Bild für die Schule!‘

Es stand sofort völlig vor mir, so einfach war das. Es gab keinen Zweifel daran!

Das Bild sollte ein elf Meter langes Gemälde werden, mit einer gewöhnlichen Landstraße, in der alle diese Kinder mit zufriedenen, frohen oder wichtigen Gesichtern in dieselbe Richtung gehen sollten. Zwei größere Mädchen gehen an der Spitze, mit Eimern, Bürsten und Schrubbern. Sie werden scheuern und saubermachen. Eine von ihnen wendet sich lachend um und sagt etwas Aufmunterndes zu Lisbeth, die sich am Wegesrand mit einem schweren und großen Kranz ausruhen muß, und Brita mit einem Kornblumenstrauß hat auch Pause gemacht. (..) Zwei Jungen ziehen einen Karren, der mit frischen Birkenzweigen gefüllt ist. Ein Mädchen schleppt einen ganzen Arm voller Flieder mit sich, ein kleiner Junge trägt ein Bündel Fichtenreisig auf dem Rücken, das als

Die menschlichen Leidenschaften

Nun hat C.L. die neue Skizze für ‚Gustav Wasas Einzug‘ fertig, an der er ein paar Jahre lang gearbeitet hat. Am 18. Mai wird sie im Nationalmuseum ausgestellt. Er will damit das geben was er selbst in der bäuerlichen Malerei gefunden hat. Diese „zeigt deutlich, wie ein unverdorbener Schwede sieht und fühlt. Diese Klarheit in der Linienführung und diese einfachen, reinen Farben, nicht zu reden von dieser frischen und munteren Laune! Ist das nicht der Charakter der Schweden? Gezierte und überästhetische Moden sind uns im Grunde fremd.“

Spadarfvet

Am 22. September schreibt er an Karl Otto Bonnier: „Heute schien die Sonne so warm und lieblich; und da ich jetzt zwölf schöne und fertige Aquarelle in meinem Atelier habe, dachte ich, ich gehe hinaus und sonne mich, gehe hinaus zu den Leuten auf dem Feld, die die Kartoffeln ernten. Und als ich dort am Grabenrand saß, kam mir plötzlich dieser alte Vorschlag in den Sinn, den Du neulich hattest, eine Serie über das Landleben zu malen. Aber schau mal, was jetzt ein anderes Licht auf diese Sache wirft, ist die Tatsache, daß ich nicht eine Serie von ‚einem Landleben‘, sondern eine von ‚meinem Landleben‘ machen werde. Das gab mir eine ganze Menge Anregung, das könnte auf diese Weise ein lustigeres Buch werden. Sowohl was den Text angeht als auch die Titelfiguren. Johan und Johanna würden ein ganzes Jahr lang beinahe nur Modell stehen und ich müßte mit ‚Kleinsanders‘ oder ‚Risbergshans‘ sprechen, daß sie sich in der Zeit um die Landwirtschaft kümmern. Denn das sage ich Dir,

Oben: ,Draußen weht der Sommerwind', Ölgemälde, 1903, Gymnasium Göteborg, heute Hvitfeldtsches Gymnasium.

Links: Erste Skizze für ,Gustav Wasas Einzug', Öl, 1891. 1904 und 1906 fertigte C.L. neue Skizzen an, im Sommer 1907 malte er das Bild in Öl und war im Jahre darauf damit fertig, so daß es im oberen Treppenhaus des Nationalmuseums aufgehängt werden konnte.

,Venus und Daumenlieschen', ein Gobelin, der von den ,Freunden der Handarbeit' für die Stockholmer Ausstellung 1909 gewebt wurde. Nach einer Vorlage von 1904.

Karin mit großem Hut, Ölgemälde, 1905. Carl Larssongården, Sundborn.

Zwei Aquarelle von Spadarfvet. Oben: Apfelernte, 1904. Links: Hof 1905.

wenn das gemacht wird, so soll es mit Schwung und Ernst gemacht werden, so daß etwas wirklich Ordentliches daraus wird.''

,,Und so ein fruchtbares Jahr, wie es das Jahr 1904 war, wird man ,wohl suchen müssen'.

Wir mußten bereits mitten im Sommer die Äste abstützen, damit sie nicht unter der Last der reifen Astrachanäpfel, Gravensteiner und wie sie alle heißen, abbrachen.

Der psychologische Augenblick war gekommen Karin betrat mit Herrscherinnenmiene den prachtvollen Hain, wie eine schwellende Fruchtbarkeitsgöttin. Ihr folgten, wie ein Zug jubelnder Dryaden und Nymphen, die Kinder und die Dienstmädchen, alle mit irgendeinem Werkzeug, wie Leitern, Wäschekörben, großen Scheren und den sonderbarsten pfiffigen Geräten mit Haken und Schnüren. Es ging darum, einen jeden Apfel, auch den, der ganz oben an der Spitze hing, zu pflücken, ohne den Baum zu beschädigen (und ihn auf keinen Fall zu schütteln).

Die Äpfel dürfen nämlich nicht angeschlagen werden, weil sie dann nicht aufbewahrt werden können.

Esbjörn war auch nett und half mit. Geerntet hatten auch einige der Dorfjungen, vermutlich die mit den treuesten blauen Augen, im stillen Frieden des nächtlichen Mondscheins. Sie hatten einen ganzen Teil geerntet, die Menge hing von der Zahl der Jungen, multipliziert mit dem Fassungsvermögen der Mägen und Taschen, ab.

Dann werden sie – die Äpfel, nicht die Jungen! – getrennt nach Sorten auf allen Böden des Wohnhauses in Spadarfvet ausgebreitet, und der ganze Hof riecht noch immer nach diesem schönen und duftenden Obst.

Skizze in Aquarell zu der Glasmalerei für das Eßzimmer in Sundborn (Die Wunschreise). 1905. Carl Larssongården, Sundborn.

Und Mus, Eingemachtes und Gelee haben wir viele Monate lang (wir schreiben 1905) Tag und Nacht gegessen, so daß wir uns nach Bananen und Datteln zu sehnen beginnen...

Apfelmus ist gut am Anfang und gesund am Schluß."

„*Der Hof.* Findet ihr nicht, daß das ein prächtiges Bild ist! Hier haben wir die nette Johanna und die eigensinnige Blomma, die im munteren Trab an ihrem demütigen Diener vorbeiläuft.

Trotz der Spannung und Anstrengung mit dem Kuhvieh gelingt es Johanna doch, mir ein paar derbe Worte zuzurufen, als ich in meiner Unschuld dastehe und für Dich meinen Hof Spadarfvet zeichne.

Er liegt genau wie Anschauungsmaterial für eine Landzeitung da. Schau nur. Von links nach rechts – zähle vor allem nicht umgekehrt! – breitet sich der Hof in seiner ganzen Gewichtigkeit und praktischen Schönheit aus, zuerst das Wohnhaus, dann das Gesindehaus, der Hühnerstall, der Stall, der Abort, der Misthaufen, der Viehstall, die Scheune und schließlich der Schweinestall.

Es ist die Zeit des Vorsommers, der Flieder blüht und das Korn ist gerade aus der Erde gekommen.

Als ich soeben einsam mit meinen sorgenvollen Gedanken war, hing eine Träne an meiner Nasenspitze, aber jetzt muß ich wieder lachen... Ach, es ist schwer für einen Bauern, an den Alltagen an das schöne Wort zu denken ‚in meines Vaters Haus sind viele Wohnungen'. Der erdverbundene Bauer! Er denkt doch meist an den Hof. Wie ich."

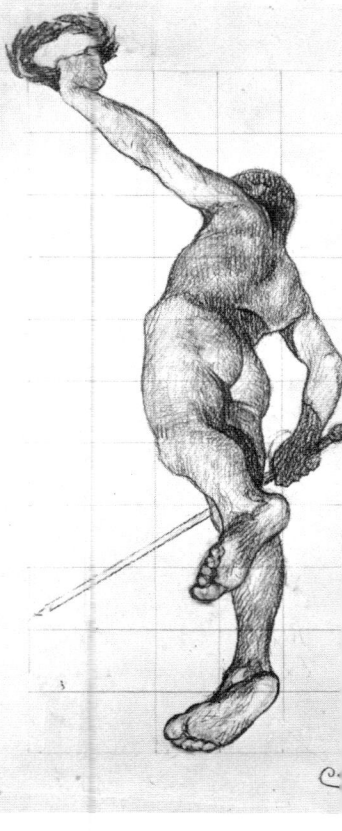

Der Probst C.F. Petterson, Ölgemälde 1905.
In der Kirche von Sundborn. Rechts: Die Kritik.
Studie für das Deckengemälde für das
Dramatische Theater, Kohle. Nationalmuseum.

Ulfs Tod

Carl Larsson hatte seinen achtzehnjährigen Sohn Ulf, der dabei war, sich zum Landwirt ausbilden zu lassen, gebeten, ihm eine Schilderung über die Tätigkeiten auf einem Bauernhof zu schreiben. Aber im Frühjahr starb Ulf. „Mein Junge Ulf, mein prächtiger und stärkster ältester Sohn, kam durch das Versehen des armen Arztes zu spät auf den Operationstisch und starb wie ein Held.

Aber so grenzenlos die Trauer war, reichten sich Karin und ich die Hände über dem blassen Leichnam des achtzehnjährigen Jungen und ich sagte: ‚Er war fertig, er hatte hier nichts mehr zu tun!'

Und wahrlich, das war ein edles Herz, das gebrochen war."

„Auf dem neu aufgeworfenen Grabe liegt ein Kranz aus Strohblumen ‚von Großmutter für den geliebten Ulf'.

Die Birken schimmern hellgrün in ihrem zarten Frühlingskleid. Hinter ihnen liegt still und grau der Toftan-See. Noch weiter weg hinter den blauen Bergen liegt Svärdsjö.

Und noch weiter weg erstreckt sich die Unendlichkeit, die Ewigkeit."

Er malt Kersti in Trauerkleidung und den Probst Petterson in Sundborn, der eine zentrale Gestalt für ihn wird – die Taufe der Kinder hat die beiden einander nähergebracht: „Früher berührte er nicht seinen Hut, wenn ich ihn ehrerbietig grüßte, aber jetzt darf ich ihn Onkel nennen und er ist seitdem mein bester Freund hier in der Gemeinde geworden."

Im Sommer 1905 erhielt Carl Larsson einen Auftrag für ein Deckengemälde im Foyer des Neubaus des Dramatischen Theaters in Stockholm. Er wählte als Thema „Die Schöpfung des Dramas", „ein ziemlich dummabstraktes Thema, das aber meiner Ansicht nach hier verantwortet werden kann. Auf diese Art konnte ich eine über dem Feld schwebende Frau malen, mein Lieblingsmodell, Leontine, deren schöner Leib durch den dünnen Tüll schimmert, der sie umhüllt. An einem Ende der Decke sieht man den Verfasser, der sie aus seiner elenden Dachkammer mit einer befehlenden Geste losschickt, und auf dem entgegengesetzten Ende ein kriegerisch aufgemachter Schauspieler, der darauf wartet, die Schöne in seinen ausgebreiteten Armen zu umfangen.

Während der Arbeit fand ich, daß hier etwas fehle. Sicherlich sah man eine Schar dunkler, nackter Menschengestalten durch die Nacht schweben – waren sie Stoff des Dramas oder vielleicht die Zuschauer? – aber das reichte nicht. So piff-paff – kam der Einfall: Die Kritik! Natürlich müßte sie mit dabei sein, in dieser Zeit wurde sie für wichtiger gehalten als das Kunstwerk und der Künstler."

,Schöpfung des Dramas', Deckengemälde im Foyer des Dramatischen Theaters. Ölgemälde, 1907

Gratuliere, Fresko bestellt

„Wir saßen gerade am Mittagstisch, als Martina froh und strahlend hereinstürzte: ,Telegramm aus Stockholm.– Gratuliere, Fresko bestellt, Nordensvan –'. K: in schlang die Arme um meinen Hals und bekam feuchte Augen, und Esbjörn, der einzige von den Kindern, der noch zu Hause war, grinste und zog lächerliche Fratzen, was Teilnahme und Mitgefühl ausdrücken sollte, obwohl der kleine Kerl kein bißchen begriff."

Den ganzen Sommer und Herbst malte C.L. ,Gustav Wasas Einzug'. Die Version von 1904 wird nicht verändert.

Am 15. Dezember schreibt er: „Die Skizze, die ich gemacht und dann dem Museumsvorstand gezeigt hatte, war eigentlich nichts anderes als eine Kopie eines fast fertigen Werkes (zumindest, was alle dazugehörigen Studien anging). Ich hatte nämlich niemals darauf gehofft, daß die Kommission mich ersuchen würde, weiter im Museum zu malen, aber ich empfand es als Notwendigkeit, auf jeden Fall dieses Werk zu vollenden, in das ich bereits

soviel Arbeit und Interesse gesteckt hatte. Ich dachte, daß es das Erbteil meiner Kinder werden würde und nach meinem Tod an eine öffentliche Stelle kommen würde, an die, wozu es bestimmt war oder in irgendein Rat- oder Stadthaus. Dieses Gemälde ist so entstanden, wie ein jedes Kunstwerk entstehen sollte, als eine innere Notwendigkeit und nicht als ein erfüllter Auftrag."

Am 28. Januar 1908 signiert er das fertige Gemälde.

Dieser feige Schreiberlump

So erscheint am 27. Mai Strindbergs ,Ein neues Blaubuch', das u.a. auch ein haßerfülltes Protörät von Carl Larsson enthält. Larsson hatte auf Strindbergs Art, in dem Buch ,Schwarze Fahnen', seine Zeitgenossen zu entehren, reagiert, aber die beiden waren sich bisher noch als Freunde begegnet. Nun wurde Larsson selbst das Opfer: „... es traf mich tief (...) Er hatte meine engelgleiche Frau ,einen bösen Teufel' genannt, er hatte mich des Mordes bezichtigt! An wem? fragte ich mich verwundert; aber so soll er recht bekommen! Ich verurteile diesen Unmenschen zum Tode! Ja, mein Zorn war groß, schien mir heilig. Eine solche treue und warme Freundschaft wie die meine belohnt er auf diese Weise! Ein solch widerliches Stinktier muß aus der Welt! und wirklich; mit einem kostbaren Messer – denn fein sollte es in diesem Fall doch sein –, das ich von dem Maler Anders Zorn erhalten hatte, ging ich nach Stockholm und lauerte auf mein Opfer, aber er, dieser feige Schreiberlump, hielt sich in der meisten Zeit sicher in seinen Räumen auf.

Er hatte eine weite Aussicht von seinen Fenstern – – – er hatte mich lauern sehen...

Nun schaudert es mich vor diesen leidenschaftlichen Tagen und ich danke Gott, der mir diesen Mann nicht in meinen Weg führte! Denn ich zweifle nicht daran, daß ich meinen Vorsatz ausgeführt hätte.

Es traf mich indessen so tief, daß ich einige Jahre lang krank war, meine Nerven waren stark mitgenommen." Am 27. Oktober schreibt er von Falun an Tor Hedberg: „In Stockholm zu sein, ist für mich wie in einen Urwald mit bösen Affen und Schlangen zu gehen.

Alle meine Handlungen werden mißdeutet, und die, die ich innerlich am liebsten habe, sind gewiß meine stärksten Hasser.

Denn (...) die Menschen, die von mir so warm geliebten Menschen sind so abscheulich, und meine Freunde, meine alten Freunde, sind die schlimmsten. Ich habe Angst vor ihnen."

Das Larssonsche Idyll des Erbsenschälens hat als dramatischen Hintergrund ,Die menschlichen Leidenschaften' mit dem gezückten Dolch.

Die Schreckenszeit, die Leben heißt

Er arbeitet an den Aquarellen, die zu dem Buch ,Auf der Sonnenseite' zusammengestellt werden, und das Licht auf diesen Bildern ist oft noch stärker als zuvor, gleichsam, als wolle er das

Das Modell schreibt eine Ansichtskarte,
Aquarell, 1906, Thielska Galleriet, Stockholm.
Links: Martina vor dem Feuer, Aquarell, 1908.

Selma Lagerlöf, Ölgemälde, 1908.

Selbsterkenntnis, Ölgemälde 1906. Uffizien, Florenz.

dunkle Gemüt aufhellen „vor der Schreckenszeit, die Leben heißt. Denn schrecklich ist doch das Leben.

Jeder versucht so gut er kann, damit fertig zu werden, aber hat es jemand von uns zeitweilig einigermaßen gut, ja, ist glücklich, wie ich es gegenwärtig bin, so kann er doch nicht umhin, Seite an Seite mit sich böse, arme, boshafte Menschen oder von Krankheiten, Lastern und Not gepeinigte arme Wesen zu sehen.

Man kann nicht davon loskommen. Das eine Tier quält und frißt das andere, die eine Blume erwürgt und tötet die andere. Da sitzt ein Jüngling am Ufer des Meeres und erfreut sich an den Brechern. Da kommt eine Woge und spült ihn fort, zieht ihn in die Tiefe; und Vater und Mutter ringen die Hände und werden niemals wieder richtig froh.

Du bist viele Jahre froh gewesen, einen sehr guten Freund zu haben, und dann wendet er sein Angesicht zu dir – und es ist das des Teufels! Man fragt und man fragt warum? Warum alle diese Greuel?

Inzwischen wandern die Wolken, die weißen oder abwechselnd rosafarbenen Wolken an dem blauen Himmel. Der Wind streichelt deine Wange, die Sonne küßt die Wiesenblumen und deine Kinder, erweckt Leben und Schönheit. Und herrliche, große Taten geschehen.

Ein Mann, des Schwimmens unkundig, stürzt sich ins Wasser, ohne an die Lebensgefahr zu denken, um ein paar Blinde zu retten, die ins Wasser gefallen sind.

Links: Schreiner Hellbergs Kinder, Aquarell 1906. Konstmuseum Göteborg.

Umschlag für das Album ‚Auf der Sonnenseite', das 1910 herauskam.

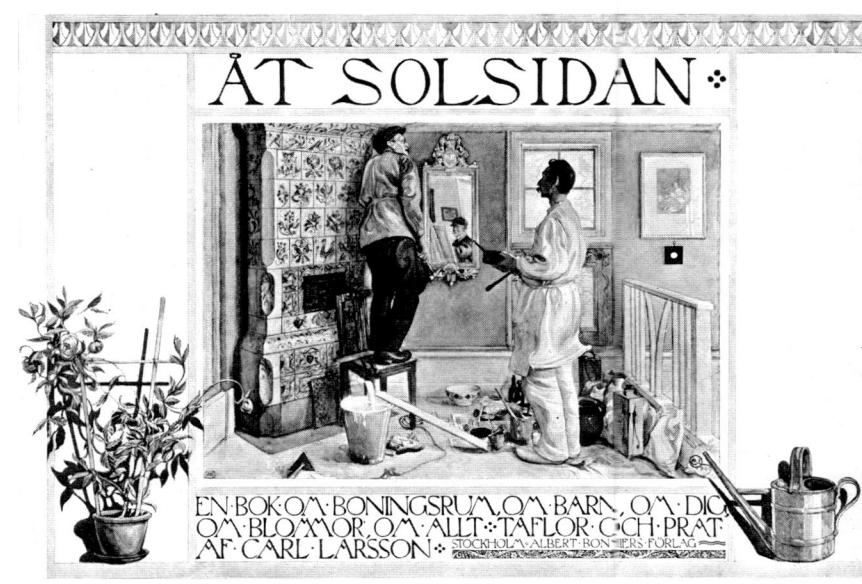

Da kommt ein Mädchen trällernd daher – ohne an die Gefahr zu denken, in die sie sich begibt – und schlingt die Arme um deinen Hals und sagt: Geliebter! Sie schenkt dir Kinder und küßt die Furcht und Angst aus deiner Seele weg.

Und lange Reihen freundlicher Menschen gehen denselben Weg wie du; sie lächeln freundlich, lächeln dich freundlich an, und du lächelst freundlich zurück, versteht sich... Aber dann hört man einen Schrei. Einen Fluch. Ein Todesröcheln.

Das ist das Leben. Im Guten und im Bösen. Wir müssen es leben, und wir müssen es so gut leben, wie es uns möglich ist.

All das wißt ihr so gut wie ich, aber wir müssen, um nicht zu verzweifeln, uns ständig aufmunternde Worte zurufen und sagen ‚So schönes Wetter haben wir heute!'

Nun sehen wir doch, daß es das Gute und Schöne wirklich gibt! Woher kommt sein Quell? Es muß eine Quelle haben. Die Quelle des Guten und Schönen muß auch gefunden werden. Nenne es Gott, nenne es Weltschöpfer, oder Kraft oder Weltordnung. Was macht der Name aus, wir meinen dasselbe. Ein verstorbener Freund von mir, ein Ire, sagte: ‚Es gibt keine Atheisten'. Er hatte sicher recht.. Denn der, der nicht glaubt, würde nicht leben können.

Weine und lächle, aber glaube!

Glaube an den Sinn, an die Ordnung... Den Tod gibt es nicht und das Böse ist nur Zufall."

Profaner formuliert er es in einem Brief an Pauli im November 1908: „Nein, ich habe nur einen Ehrgeiz, von den bekannten und unbekannten Freunden als redlicher und offener Mensch angesehen zu werden. Und aus dem einen oder anderen läßt sich schließen, daß mir das nicht geglückt zu sein scheint. Na, jetzt ist das Schlimmste ausgestanden... Wenn Du mich wiedersiehst, werde ich Teile meines alten Glaubens an die Menschen wieder zusammengenietet haben. Ich klage nicht, glaube das nicht – außer daß ich wohl enttäuschter bin, ein wenig böse, nein, offen gesagt, ich bin tief traurig."

Politik verdirbt den Charakter

„Mein alter, eingewurzelter Freiheitsglaube hat in diesem Sommer des großen Streiks einen schweren Schlag versetzt bekommen. Nun glaube ich, daß die Großen und Starken führen müssen. Donnerwetter: ich glaube, daß Macht vor Recht geht!! Das ist keine wenig brutale Ansicht, aber sie ist einfach und klar, sicher praktisch und segenbringend. Es wird nämlich immer ein Gerangel darum geben, was Recht ist, wogegen Macht immer absolut und augenfällig ist. Die Großen und Starken sind nicht so gefährlich und bösartig wie die Kleinen, und davon gibt es nur wenige. (...) Nein, eine aufgeklärte Despotie, die ist mein jetziges politisches Ideal. Es ist viel beruhigender und besser, einen richtig tüchtigen Despoten zu haben, der zum Teufel das macht, was er will, als alle diese kleinen Geister, die das machen, was alle diese Unruhestifter wollen. (...) Und, na gut, sind ‚die Herren in des Volkes Haus' die Stärksten, so müssen sie führen! Glaube mir, dann, wenn diese zur wirklichen Macht kommen, werden sie sofort

einsehen – vielleicht, weil sie nicht dumm sind –, daß es nun das beste sei, mit harter Hand gegen die Masse vorzugehen. Diese werden die härtesten Arbeitgeber, die es gegeben hat. es wird Ordnung geben und: Gott liebt die Ordnung.

Ja, ja, so politisiere ich in den freundlichen Wänden meines Häuschens. Ihr seht ja, daß ich recht habe: die Politik verdirbt den Charakter.

Da kann man nichts machen, ich bin gewißlich selbst ein Arbeiterkind, aber ich weiß, wie die Dinge liegen, und ich bin doch ein treues Mitglied der Unterschicht mein ganzes Leben lang gewesen; aber nun sage ich ganz offen heraus, daß ich seit Sommer 1909 zur Mittelschicht gehöre. So, nun wißt ihr Bescheid."

„Oh, ihr ‚Arbeiter', die ihr jetzt einander und andere tyrannisiert, besinnt euch! Ihr schüttet täglich das Kind mit dem Bade aus. Die guten alten Werte sind euch nicht nur gleichgültig, sondern verhaßt. Übereinkünfte achtet ihr nur so lange, wie sie euch passen. Erhabene, durch Jahrhunderte geheiligte und erprobte Lebensregeln verspottet ihr. Ihr grölt, daß ihr allein auf der richtigen Seite steht. Glaubt ihr das wirklich? Sind nicht auch bei der ‚Bourgeoisie' gute und nützliche Kräfte am Werk?

Ich, Carl Olof Larsson, gehöre zu euch, sowohl durch meine Geburt als auch durch mein Mitgefühl für euer schweres und im großen und ganzen freudloses Leben. Deshalb steht ihr auch meinem Herzen näher als diejenigen, die zu Großen und Strahlenden bestimmt sind.

Ihr habt recht: ihr seid Sklaven. Aber deshalb ist es nicht notwendig, eine Sklavenhaltung zu zeigen. Denn wie könnt ihr verurteilen und über die große göttliche Gerechtigkeit urteilen, die ihr törichterweise Ungerechtigkeit nennt...

Dieses kurze Erdenleben.

Ihr solltet statt dessen glauben, daß das euer vorausbestimmtes Schicksal ist und daß es eure Sache ist, daraus das alle-beste zu machen. Ihr antwortet: ‚Ja, zum Teufel, das ist genau das, worum wir uns bemühen!' Gott, aber welche Waffen, welche Mittel wendet ihr an? Doch scheint es mir Haß und Selbstsucht zu sein, und das könnt ihr selbst kaum ableugnen. Aber seht, das führt zu nichts Gutem."

Vignetten aus ‚Auf der Sonnenseite‘. Links: Aussicht aus Esbjörns Fenster. Das Haus in Falun.
Meine Straße (Falun) und die Anreicherung in Falun. Tuschzeichnungen.

Begeisterte Freude, grenzenlose Mühe und schweres Seufzen

Zu Weihnachten erscheint ‚Auf der Sonnenseite‘. Nun bekommt er Lob, vermischt mit Kritik zu hören und diese Kritik empört ihn. Er schreibt in der Zeitschrift „Kunst“: „Es ist die Verachtung für das *Können*, die mich aufregt (weniger die angestrengt geheuchelte Verachtung für den, der kann). Es sind gerade diejenigen, die die von Albert Engström gerühmte Tulpenrose nicht machen können, die keinen Kontakt mit der übrigen Menschlichkeit haben. Warum? Ja, sicher deshalb, weil in den Arbeiten dieser Schlamper die Liebe zur Kunst und zum Nächsten fehlt, derer es bedarf, damit sie von Herz zu Herz geht; und so zuckt der Liederjan mit den Schultern und sagt: ich kümmere mich den Teufel um die Spießer, ich beschäftige mich mit der Kunst um der Kunst willen! (...) Das ist jene Schar, die dieser relativ neuen Richtung huldigt und die sich ein boshaftes Vergnügen daraus macht, nette und liebe Menschen zu verhöhnen, die sich Eintrittskarten für die Ausstellungen kaufen und somit zumindest ein keimendes und gewisses Interesse an der Kunst zeigen. Diese sind verdutzt oder fühlen sich dumm oder werden böse angesichts der Tatsache, daß sie nicht erkennen können, ob es die Großmutter des Künstlers oder einen Sonnenuntergang vorstellen soll. Gegen diese Künstler wende ich mich im Zorn (...).

Aber ich sage hiermit klar, laut und aufrichtig, daß es auch mein Ziel ist, Herz und Verstand für das, was ich mache, zu gewinnen. Da weiß ich oder zumindest glaube ich, daß ich auf dem richtigen Wege bin. Und ist es nicht ein würdiges Ziel, daß meine Mitmenschen durch meine Kunst lernen sollen zu sehen, wie schön sich eine Blume gegen eine Wand ausnimmt, wie entzückend der Zopf eines kleinen Mädchens auf dem kleinen, runden Hals liegt, wie der Sonnenstrahl auf einer kleinen Nase spielt, welch ein herrliches Ebenbild eine nackte Frau sein kann, wie strahlend ein Mann und ein Pferd sich zusammen ausnehmen. ...Aber dies will ich so gut machen, wie ich kann, mit begeisterter Freude, grenzenloser Mühe und tiefem Seufzen, und das endgültige Ergebnis soll ein Sieg sein; man soll darin keine Undeutlichkeit oder Bemühtheit spüren, sondern es soll befreiend auf den Zuschauer wirken und es soll ihm wie Schuppen von den Augen fallen: er soll Gott preisen und ihm danken für all das Schöne, das es in diesem Jammertal gibt und darin das Versprechen und die Verheißung auf die Herrlichkeiten sehen, die ihn jenseits des Grabes erwarten.“

Der lange Streit um „Mittwinteropfer"

Die Vorstellungen von dem Mittwinteropfer (Midvinterblot) am Tempel von Uppsala beginnen, Formen anzunehmen. Diese Szene will er auf der leeren Wand im Treppenhaus des Nationalmuseums darstellen. Die fertige Skizze stellt er im Februar im Nationalmuseum aus. Er fügt einen erklärenden Text bei: „Hier opfert sich ein König für das Wohl des Volkes (um eine gute Ernte zu bekommen). Er wird in der heiligen Quelle am Fuße des Baumes ertränkt (vor dem Tempel stand laut Adam von Bremen ein Baum, der das ganze Jahr Blätter trug).“ Die Skizze wird mit Skepsis aufgenommen. Als ein Zeitungsleser, „Archäologe“, in einer Zuschrift Anmerkungen macht, antwortet C.L. schroff und zieht sich teilweise zurück: „Da ich nun in Fahrt bin, möchte ich Dir ins Ohr flüstern, daß ich nicht besonders scharf darauf bin, die letzte unbemalte Wand im Nationalmuseum zu malen, das war auch mein Gedanke, als ich den ‚Einzug Gustav Wasas‘ beendete, daß nun ein Jüngerer sich daran versuchen könne. Ich war nämlich der Ansicht, daß ich jetzt genug für diese Wandmalereien im Nationalmuseum gekämpft hatte und bin überzeugt, daß zumindest die Nachwelt mir zugute halten wird, daß ich nicht nachgab. Jetzt halte ich die Sache für gerettet und hoffe, daß derjenige, der diese letzte Wand machen wird, es besser machen wird, als ich es zu machen vermocht hätte. Die Meinung ist dieses Mal deutlich zu stark gegen mich gerichtet (und vielleicht zu Recht) “

Aber die Gedanken kreisen vor allem um ‚Mittwinteropfer‘. „Ja, gibt es noch jemand, der etwas von mir wissen will? Ich war damit schlecht dran. Nicht einmal meine besten Freunde und

Karin und Esbjörn, Aquarell, 1909

Karin am Strand, Aquarell, 1908. Museum Malmö.

Karin im Atelier, Aquarell, 1912.

Der gute Engel des Hauses, Aquarell, 1909.

Lisbeth, Aquarell, 1909.

Frühstück im Grünen, Aquarell, 1910. Museum Norrköping.

Bewunderer mochten es leiden. Nur ich und meine Frau waren zufrieden – und das sind wir immer noch. Ich frage mich, ob nicht zu laut darüber geschrieen wird. ... Ich hatte meine Arbeit mit Freude getan und fühlte mich selten so unbekümmert.. Pracht und Glanz hatte ich geben wollen – Herr Gott, man weiß so wenig um jene Zeiten, und ich wollte mir in keiner Weise etwas versagen. Wenn man in jener Zeit edel war, so glaubte ich, war man verdammt edel! Und es war der Opfergedanke, der mich reizte: der König, der den Pelz ablegt und nackt dasteht, zum Tod bereit. Man sprach von etwas Theatralischem in der Komposition – aber es gibt ja einen Zusammenhang zwischen dem Theater und religiösen Kulthandlungen. Und dann hatte man Heidenstam gelesen und erwartete Düsterkeit und Blutgeruch."

Glaube und Depression

Am 14. Juli 1912 schreibt er an Thorsten Laurin: „Ich selbst beginne mehr und mehr zu erschlaffen, auch in meiner Kunst. Vielleicht wird es Dir wunderlich vorkommen, wenn ich Dir sage, daß ich meine, doch auf einem besseren Weg zu sein. Der Ehrgeiz verblaßt mehr und mehr, ich grüble über den Sinn des Lebens, ich beginne, träge zu werden nach der Hetze, aber danke Gott, daß ich einen solchen, netten, kleinen Beruf habe, an dem ich sitzen und herumpusseln kann. Resignation, c'est la dernière religion...aber das kann nicht richtig sein. Worin liegt der Fehler, was mich betrifft? Vermutlich an dem Fehlen großer, schwieriger Aufgaben. Die mit den kleinen Papierfetzen ist vielleicht nicht ausreichend, um mich in Form zu halten... Und doch meine ich, daß keiner auf der Welt sich so vertiefen und seinen Lebensinhalt so mit Wasser und Farbe festhalten kann wie ich. Es kommt mir so vor, als ob einst nach meinem Tode meine kleinen Papierfetzen wie Perlen echter Kunst gewertet werden: sollte ich da nicht zufrieden sein? Nein, das bin ich natürlich nicht, ich träume von Wänden, groß wie eine Kuhweide und hoffe, ich werde sie nach meinem Tode bekommen. Deshalb resigniere ich hier auf diesem kleinen Kirschkern, der Erde heißt..."

Larsson sieht mit Unlust auf die modernste Kunst. Aber gleichzeitig ist er seines eigenen Stils müde.

Das Rätsel des Lebens. Ölgemälde, 1911. Carl Larssongården, Sundborn.

Selbstprotät 1912, kolorierte Zeichnung. Carl Larssongården, Sundborn.

Künstlerrat

In einem Brief an einen enthusiastischen jungen Mann, der ihm eigene Zeichnungen schickt, formuliert C.L. seine Ansicht über den Weg, den die Kunst gehen soll.

Am 20. Februar 1913: „Aber verdammt noch mal – lassen Sie es bleiben, nur mein Zeug abzumalen. Gehen Sie zurück zur Natur!!! Zeichnen Sie all das, was Sie sehen. Das ist Gottes schöne Kunst, sie ist so verschmitzt gemacht; sie sieht nach nichts aus, aber wenn man sie sich einige Jahre lang ständig ansieht, einige zwanzig Jahre, so offenbart sie ihre Schönheit! Zeichnen Sie die Grashalme und die Blumen (...) Nicht einen Tag länger dürfen Sie meine Kritzeleien abmalen."

Am 9. März: „Versuchen Sie, zunächst die Fläche und die Winkel zu sehen. Vergleichen Sie den einen Abstand mit dem anderen. Aber vergessen Sie darüber natürlich nicht den Eindruck und die Auffassung von dem Ganzen – zum Donnerwetter! Man soll, wenn man zeichnet und malt, kühn, frech und stark bis zur Verwegenheit sein, aber gleichzeitig ängstlich, zärtlich und höllisch vorsichtig!... Hüten Sie sich – sage ich noch einmal – vor meinen Schnörkeln, die schon für mich selbst gefährlich sind, für einen anderen aber vollkommen verderbenbringend!" Und er vermerkt zu dem Selbstporträt, das der junge Mann ihm gesandt hat: „Alle Linien sind zu verschnörkelt. Ein demütigeres und energisches Studium erst des Ganzen und dann der Einzelheiten.

Licht, Schatten und Zwischentöne deutlich unterscheiden - zumindest am Anfang."

Am 28. Mai wird er sechzig Jahre alt. Er wird sehr gefeiert. Axel Romdahl veröffentlicht sein Buch über Carl Larsson als Radierer und Idun gibt eine besondere Carl-Larsson-Nummer heraus. Die Zustimmung zu seiner Kunst ist indessen nicht vollständig. Die modernen jungen Maler folgen nicht seinem Weg (in diesem Jahr macht Isaac Grünewald seinen aufsehenerregenden Vorschlag zur Ausgestaltung des Standesamtes im Rathaus von Stockholm und Pär Lagerkvist verteidigt den Kubismus in ‚Wortkunst und Bildkunst'). C.L. reagiert mit heftiger Mißbilligung. Im Sommer fährt er nach Paris und Deutschland, wird aber überall von ‚den Pionieren der letzten Kunstrichtung' verfolgt. Er schreibt einen Artikel in ‚Konst' über die Treue zu sich selbst und zu seinem Volk: „Es scheint mir, daß, wenn wir uns auf diesen verrückten Weg begeben, wir uns auf einen Abweg begeben, der uns mehr und mehr von dem wegführt, wo wir hin sollen... Wohin sollen wir? Nach Haus, natürlich!

Zu Hause, das ist Schweden, das wissen selbst die, die über die Verteidigungsmüdigkeit ganz entzückt sind, da sollen wohl wir, die für dieses unser Land, unser Volk, unser Leben, Gut und unsere Kinder geben wollen, es wissen?!

Aber wissen unsere Künstler, Kunstkritiker und Mäzene das? Das sieht wirklich oft nicht so aus. Was ist es für eine unglückselige Kraft, die uns von uns selbst wegführt, von unserem Eigenem? Denjenigen, die tote, perverse Franzosen imitieren oder importieren, wird von den munteren Kritikern als Epochemachern gehuldigt, während diejenigen, die beharrlich, treu und innerlich ihre eigenen Wege gehen und auf eigenem nationalen Grund ihre eigenen Herzensquellen ausschöpfen, mit vornehmer Gleichgültigkeit übergangen werden oder bestenfalls einen Tritt bekommen... Hier könnte man doch auf eine wirkliche Epoche hoffen, eine nationale Epoche, wenn die wirklich Guten und Redlichen sich zusammenfänden! (...) Die Kunst ist eine Art Sport geworden an Stelle einer Religionsausübung, wie sie es sein sollte...‘

Für ihn selbst ist die Schöpfung von ‚Mittwinteropfer' eine Form von Religionsausübung. Der sich selbst aufopfernde König Domalde steht dort wie Christus, so wie Carl Larsson ihn auffaßt – „diese königliche, edle und mutige, ganz männliche Gestalt." Im Juli beginnt er mit einer neuen Skizze. „Du kannst nicht glauben, wie gut die werden kann. Wie schön!" Im November stellt er sie im Nationalmuseum aus.

Zu Weihnachten gibt er noch ein Album heraus, ‚Anderer Leute Kinder'. Die Beschäftigung mit diesen Kinderporträts ist auf die Dauer belastend. „Das ist so grenzenlos enervierend, meistens was die Väter und Mütter – und die Dienstmädchen – während und nach der Prozedur denken, und ich bin jedes Mal halb verrückt vor Verzweiflung geworden."

Nationale Opferbereitschaft

Die nationale Opferbereitschaft, der er in ‚Mittwinteropfer' Ausdruck verleiht, stimmt schlecht mit dem Verteidigungsunwillen des liberalen Ministers überein. Sven Hedin hatte Aufregung verursacht, als er vor dem Offizierskorps des Dalarnaregiments in Falun die Regierung angriff. Carl Larsson ergreift in einem offenen Brief an den Kriegsminister David Bergström vom 24. Oktober 1913 für Hedin Partei. „Hedin (...) schlägt wohl ein wenig zu viel Krach, aber er meint es gut und, was noch besser ist, er meint es ehrlich. Er hat genau die ‚Knabenhaftigkeit', von der Viktor Rydberg so innig und ernst allen mahnend sagt, man sollte sie niemals verlieren, die aber – Gott hilf – mehr und mehr

Umschlag für das Album ‚Anderer Leute Kinder‘, das eine Reihe von Kinderporträts enthält. Es erschien 1913.
Darunter der Umschlag für die Festschrift zum Bauerntag 1914.

verschwindet, während die Scheinheiligkeit, die politische Intrige und die feige Vorsicht ihren faden, stickigen Schimmel über alles legen, was es an Verwegenem, Warmherzigem und Freimütigem noch in diesem armen Halbweltlerland, dem Zukunftsland des Volksschullehrers Bengtsén, noch gibt (...) was, zum Donnerwetter, willst du? höre ich jemand aus dem Regierungslager, der schmerzhaft berührt ist, wimmern. Ja, ihr sollt guten Willen zeigen und aus uns ein Volk in Waffen machen, ein frisches, offenherziges und munteres Volk.“ Sven Hedin war der Meinung, daß das deutsche Volk so sei. Carl Larssons Meinung geht in dieselbe Richtung. Als 1914 der Krieg ausbricht, schreibt er aus Oslo: „Ich kann wirklich nicht verstehen, daß nicht alle Nichtalliierten dieses Mal mit Herz und Seele auf Deutschlands Seite stehen!“

Für eine Veröffentlichung, die im Zusammenhang mit dem Bauerntag vom Februar 1914 herausgegeben wird, zeichnet er den Umschlag, womit er die nationale Gesinnung der aufwachsenden Generation unterstreichen will.

Die Kommission des Nationalmuseums äußert sich am 17. Februar 1914 zu der neuen Skizze für ‚Mittwinteropfer‘. Man verhält sich dem Thema gegenüber reserviert und wendet sich besonders gegen das, was für Carl Larsson die Hauptsache war, die Betonung des freiwilligen Königsopfers. Verschiedene Beiträge erscheinen in der Zeitungspresse. Die Kritik, die ihn am meisten verletzt, ist die von Georg Nordensvan, und er beginnt seine bittere Erwiderung in Stockholms Dagblad am 25. Februar: „Auch du, Brutus!“

Am 1. März schreibt er an den Kultusminister: „Von der allerletzten Wandgemäldekommission des Nationalmuseums hat der Herr Staatsrat das Gutachten über den von mir eingereichten Vorschlag zur Ausmalung der letzten leeren Wand entgegengenommen, eine merkwürdige Menge von Schreiben, aus denen der Herr Staatsrat ersieht, daß die Kommission die endgültige Ausführung der Skizze wünscht oder auch nicht.

Wie der Herr Staatsrat nun vernommen hat, hat dieser mein Vorschlag in der Presse des Landes und besonders der Hauptstadt

einen Widerstand gefunden, den man wohl als rabiat bezeichnen kann. Obwohl das nicht direkt für mich verletzend wirkt, weil es ja das Kunstwerk ist, das man loswerden will, und nicht mich, ist es mir doch zu schwer und drückend geworden, damit anzufangen. Man hat das Unhistorische an dem Thema hervorgehoben. Warum das? Wäre es nicht denkbar, daß es so vor eintausend Jahren zugegangen ist? Ich höre doch das Schleifen von Messern überall im Lande, um den gegenwärtigen, reinherzigen, hochsinnigen und furchtlosen König zu opfern.

Gewiß habe ich gehofft und geglaubt, daß der Herr Staatsrat die Sache mehr im großen sehen und mich nach bestem Vermögen diese Serie abschließen lassen würde; aber da ich während der schweren und anstrengenden Arbeit bitter die Sympathie vermißt habe, die ich meiner Meinung nach brauche, habe ich jetzt beschlossen, nicht mehr dagegen anzukämpfen, sondern die Wand ihrem Schicksal zu überlassen und die Verantwortung dafür meinen Gegnern, weshalb ich auch Herrn Staatsrat bitte, sich mit der Kommission keine weiteren Umstände zu machen.“ Aber am 15. März schreibt er an einen Künstlerfreund: „Glaube nicht, daß ich so arm dran bin, wie ich mich gebe. Oh nein, ich male das Bild auf eigenes Risiko.“ Im Mai 1914 begibt er sich an die Arbeit und im Mai 1915 ist die große Leinwand fertiggemalt.

Versuchsweise wird sie in dem oberen Treppenhaus des Nationalmuseums aufgestellt. „Aber man wollte mir jetzt wieder an den Kragen. Das war nun gut in der Jugend, da stärkte so etwas die Kräfte, das war, wie wenn man eine Stahlfeder herunterdrückte, je weiter, desto höher schnellte sie dann empor. Aber wenn das Alter gekommen ist, wirkt es umgekehrt. Das Schicksal von ‚Mittwinteropfer‘ zerbrach mich! Ich erkenne das mit tiefem Zorn. Und doch war es das Beste, denn nun sagt mir meine Intuition – wieder! –, daß das Gemälde, mit allen seinen Schwächen, eines Tages, wenn ich nicht mehr sein werde, mit einem weit besseren Platz geehrt werden wird.“

Am 21. Februar 1916 lehnt die Kommission des Nationalmuseums mit drei Stimmen den Ankauf von ‚Mittwinteropfer‘ für die 35 000 Kronen, die Carl Larsson fordert, ab und gleichzeitig auch Zorns Anerbieten, für die Kosten aufzukommen. Richard Bergh will, daß C.L. ein anderes Thema wählt, z.B. aus der Zeit Gustav II Adolfs oder Hedvig Eleonores. Aber Carl Larsson faßt diesen Vorschlag als eine Beleidigung auf. „Ich finde weiterhin, daß es zu den schönsten und prachtvollsten gehört, die ich gemalt habe.“

Der Kultusminister K.G. Westman erbittet nun ein Gutachten von Liljefors, Kronberg und dem österreichischen Kunsthistoriker Josef Strzygowski, die sich alle positiv äußern, aber nach einer weitschweifigen Zeitungspolemik verzichtet Larsson am 22. Mai in einem Brief an Westman auf den Auftrag. Während die Diskussion andauert, wird ‚Mittwinteropfer‘ in der Kunsthalle Liljevalch, die mit einer Ausstellung von Larsson, Liljefors und Zorn eingeweiht wird, ausgestellt.

Die Ausstellung bekommt nicht nur wohlwollende Kritik – „nun hätten sie es in der Regel etwas fröhlicher nehmen können und es sich gönnen können, uns Alte ganz einfach zu umarmen. Aber stattdessen gehen sie und meckern und meckern und scheinen nicht glücklicher zu werden, wenn sie unser Lebenswerk sehen.“

Dritte Skizze für ‚Mittwinteropfer‘, kolorierte Federzeichnung, 1913.
Darunter eine Studie für König Domalde, Ölgemälde, 1914; Ein Ring-
kämpfer namens Rydberg stand Modell; Carl Larssonsgården, Sundborn.
Rechts: Ausschnitt aus dem mittleren Teil des fertigen Gemäldes.
Nach einjähriger Arbeit wurde ‚Mittwinteropfer‘ im Mai 1915 fertig-
gestellt. Heute wird es im Archiv für dekorative Kunst in
Lund aufbewahrt.

Schlafendes Mädchen, Aquarell, 1917.
Darunter: Eine Studie in Rot. Aquarell, 1915.

Die Heimat

Im Sommer 1917 wohnt die Familie in Lövhulta, wo Carl Larsson 1910 einen kleinen Hof gekauft hat: „Wir gehen in Hemden und barfuß umher, und kein Tourist guckt durch die Zaunpfähle, wie interessant wir aussehen. Und wir haben kein Dienstmädchen, und ich trinke nicht einen Tropfen Schnaps und rauche nur Pfeife."

Dort malt er die Kirche seiner Väter: „Als ich (..) in einer Ecke des von einer Steinmauer umgebenen Kirchhofes saß und die alte Kirche (für meine Jungen) malte, hörte ich, wie es von Krieg und Frieden, Liebe und Haß wisperte. Denn dort war es so still, daß man den Atem der Verstorbenen hörte; nur zwei Eichhörnchen spielten und sprangen zwischen den Hügeln herum und kümmerten sich weder um mich noch um meine Vorväter.

Das macht ihr nun auch..."

Im September schreibt er an Thorsten Laurin „So nett von Dir, mich nicht zu vergessen!

Aber das werden bald die meisten machen, und zu Recht, denn ich bin in gewisser Weise ein toter Mann.

Ich selbst zumindest habe mich ‚abgeschrieben'.

Es sind nicht nur die Kopfschmerzen – daran beginne ich mich zu gewöhnen – sondern es ist eine unüberwindbare Trägheit und Unlust, die mein ganzes Wesen eisern festhält.

Wie Hamlet liebe ich es, mit dem Totengräber zu sprechen, wir denken beide an dieselbe Sache, d.h. an den Tod, aber er denkt an die Körper und ich an die Seelen.

Das Schlimmste ist, daß ich nicht mit ruhigem Gewissen faul sein kann – doch das müßte ich können, denn nehme ich nur einen Zeichenstift zur Hand, so verdoppeln sich meine Kopfschmerzen."

Epilog

C.L. beginnt nun, seine Memoiren zu schreiben. Am Neujahrstag 1918 schreibt er an K.O. Bonnier: „Über diese ‚Memoiren' da sollst Du Dir keine großen Gedanken machen. Außerdem dürfen sie erst nach meinem Tode erscheinen – und der kann sich noch unerträglich lange hinziehen."

Wehmut und Resignation

Das Jahr vergeht mit der Arbeit an den Memoiren und der Porträtmalerei, und er erkennt oft, daß er immer unlustiger wird zu malen. Neujahr 1919 schreibt er an Carl G. Laurin:

„Ich habe nie geglaubt, daß ich ein altes Jahr beenden und ein neues Jahr mit einem solchen feierlichen Gefühl der Wehmut und Resignation beginnen würde. Sowohl Freude als auch Bitterkeit verspüre ich nicht mehr.

Ist das ein Schritt zur Vollkommenheit, von der ich mein ganzes Leben lang geträumt habe, die sogar ein schwacher, sündiger Mensch erreichen kann? Und doch beginnt das Leben mir weniger wert zu erscheinen und die Hoffnung auf ein besseres Leben wertvoller zu sein. Glaube mir, das ist aufrichtig. Keine gezierte

Letzte Skizze, Kohlezeichnung, Carl Larssongården, Sundborn.

Pose (...) Wunderlich ist das Leben doch und bestechend verführerisch. Morgen schwillt mir vielleicht wieder der Kamm und ich werde wieder begierig, wieder einen Kampf mit den Möglichkeiten meines Berufes zu führen, um wieder einmal vor dessen Unmöglichkeiten zusammenzubrechen.

Meine Memoiren, diese Beichte, haben vielleicht ihre Wirkung, eine wohltätige und reinigende."

Eine Woche später wendet er sich an einen alten Stockholmer Freund anläßlich dessen Krankheit: „Ja, ja, wir beginnen jetzt, ein bißchen alt zu werden. Vor ein paar Tagen erlitt ich mitten auf dem Markt von Falun einen leichten Schlaganfall – glaube ich –, meine Zunge ist etwas gelähmt. Fuhr direkt hierher (nach Sundborn), gefolgt von einem Arzt, der zum mindesten sagte, daß es nicht so gefährlich sei, aber doch... Ich bin doch nur 66 Jahre alt. Aber wir werden nun gesünder werden – und älter!"

So beendet er seine Memoiren: „Nun beginne ich der Sache müde zu werden. Aber müde ist man ja nun des ganzen Lebens.

Der gräßliche Weltkrieg währt nun das fünfte Jahr, und keiner weiß, wann er enden wird. Alles andere erscheint mir unbedeutend angesichts der Tatsache, daß tausend und aberhunderttausend Leben von der Sichel des Todes niedergemäht werden. Junge Leben! Da Haß und Lügen Gift über die ganze Erde speien.

Da hat sogar ein solcher Ichmensch wie ich an etwas anderes zu denken als an sich selbst. Und doch ist dieses Schreiben mir ein Trost gewesen; ich bin ein wenig von dem Gegenwärtigen abgekommen.

Zwei Jahre lang haben unerträgliche Kopfschmerzen mich Tag und Nacht geplagt, aber ich sagte mir, daß das mein Karma sei, etwas, das ich für meine Sünden hier oder in einem früheren Dasein zu durchleiden habe, und wenn die Buße vollbracht sei, dann würden die Qualen verschwinden.

Das war ja so mit der schrecklichen Nervosität, die dabei war, mich verrückt zu machen; ruckzuck, war sie plötzlich weg – und so geschah es auch diesmal. Ich wachte eines Morgens ohne Kopfschmerzen auf! Ich glaubte zunächst, daß es ein lieblicher Traum sei, denn so glücklich könnte ich nicht mehr werden...

Aber ja, das stimmte.

Ich habe geliebt

Bin ich wirklich so glücklich? Wohl habe ich Grund, das zu sein. Und doch gibt es eine Sorge, die an mir nagt, eine Sorge, die ich nicht – geht es an, es so auszudrücken? – die ich nicht sezieren kann. Ist es deshalb, daß ich mein ganzes Leben lang gewissermaßen das Messer an der Kehle gehabt habe, eigentlich das ökonomische Messer (...) Da wäre es nun das Einfachste gewesen, in die Hände zu spucken und mit frischem Griff zuzupacken. Aber seht – und darin liegt nun die Sorge – seit einiger Zeit ist es mir rein zuwider, zu zeichnen oder zu malen. Nehme ich eine Zeichenkohle oder einen Pinsel zur Hand, so fällt er zu Boden, das ist so, als hielte mich eine unsichtbare Hand zurück ... "

„Es widerstrebt mir, offen vor allen Leuten meinen Dank an den Herrn des Weltalls und Vater auszusprechen. Es wirkt, eigenartig genug, nicht richtig angemessen. Seine Hand hat mich doch deutlich durch Schmerzen, Angst, Freuden (reine und unreine) und durch resignierten Mißmut geleitet. Als ich dabei war, zu verlöschen, hast Du, unser aller Herr und Vater, mich angehaucht, mich mit Deiner grenzenlosen Liebe durchdrungen und ich habe, berauscht von diesem Liebesglück, mich ganz der Wollust hingeben können, alles um mich herum lieben zu können, gelegentlich sogar das brennende Gefühl verspürt, einen Feind in die Arme schließen zu wollen, so als sei er ein kleiner nachlässiger Bruder...

Und daran glaube ich auch, daß in allem einen Sinn steckt, ein guter Sinn! Daß Laster und Verbrechen bloß Kehrseiten des Guten sind, vielleicht nur die Bedingung, um durch die Wiedergeburt zur Vollkommenheit zu gelangen (...).

Ich mag noch ein oder noch zwanzig Jahre leben, es dauert nicht lange: ich habe jetzt keine Kraft mehr übrig, weder zum Bösen noch zum Guten, diese Zeit wird für mich mehr oder minder wertlos sein, weshalb ich jetzt träge aber vertrauensvoll mein Schicksal und meine Seele in Deine Hände lege, Vater.

Auf einer heiligeren und höheren Ebene werde ich doch auferstehen, denn das will ich ohne Überheblichkeit von mir sagen – ich habe immer das Rechte gewollt, ich habe nach geistigem Adel gestrebt. Das Gute hat mich stets mit Begeisterung und das Böse mit namenlosem Grauen und Abscheu erfüllt.

Ich bitte nicht um Vergebung meiner Sünden, ich will ehrlich meine Strafe abdienen, mein Leitspruch ist: Gerechtigkeit.

Also geschehe es!

,Wir treffen uns beim Kürschner sagte der Fuchs.'

Aber ich habe keine Angst: ich habe geliebt."

Am Abend des 22. Januar 1919 stirbt Carl Larsson in seinem Haus in Falun.